WISSEN FÜR DIE PRAXIS

WALHALLA

Ralf Hauner

Grundlagen – SGB X: Sozialverwaltungs-verfahren und Sozialdatenschutz

Textausgabe mit praxisorientierter Einführung

Bibliografische Information der Deutschen Nationalbibliothek
Die Deutsche Nationalbibliothek verzeichnet diese Publikation in der Deutschen Nationalbibliographie, detaillierte bibliographische Daten sind im Internet über www.dnb.de abrufbar.

Zitiervorschlag:
Ralf Hauner, Grundlagen – SGB X: Sozialverwaltungsverfahren und Sozialdatenschutz
in der Reihe WALHALLA – Textausgabe
Walhalla Fachverlag, Regensburg 2026

Walhalla Mediengruppe

WALHALLA – eine Marke der Walhalla Mediengruppe

1. Auflage
Rechtsstand: Januar 2026

Kontakt bei Fragen zur Produktsicherheit:
Walhalla u. Praetoria Verlag GmbH & Co. KG, Haus an der Eisernen Brücke, 93042 Regensburg, E-Mail: produktsicherheit@walhalla.de, Telefon: 0941 5684-0

Produktion: Walhalla Mediengruppe, Regensburg
Umschlaggestaltung: grubergrafik, Augsburg
Printed in Germany
ISBN 978-3-8029-7223-2

Zur Walhalla Mediengruppe gehören die Marken WALHALLA, Deichmann+Fuchs, metropolitan und Annual Multimedia Award.

Schnellübersicht

Vorwort

Das (SGB X) befasst sich mit dem Verwaltungsverfahren, dem Sozialdatenschutz, der Zusammenarbeit der Leistungsträger und gilt für die öffentlich-rechtliche Verwaltungstätigkeit nach dem SGB.

Empfänger und Adressat der öffentlich-rechtlichen Tätigkeit ist in der Regel der Sozialleistungsberechtigte, der Bürger. Adressaten im Verwaltungsverfahren können jedoch auch Dritte sein, z. B. Arbeitgeber, welche einen Beitragsbescheid über die Beitragspflicht oder die Versicherungspflicht ihrer Beschäftigten erhalten. Es handelt sich demnach auch um eine öffentlich-rechtliche Verwaltungstätigkeit, selbst wenn der Empfänger kein Leistungsberechtigter ist.

Das Erbringen von Leistungen ist eine der Hauptaufgaben von Sozialleistungsträgern. Diese gelten nach § 1 Abs. 2 SGB X als Behörde. Behörde im Sinne des SGB X ist jede Stelle, die Aufgaben der öffentlichen Verwaltung wahrnimmt. Dies gilt sowohl für Sozialämter als auch für die Kranken- und Pflegekassen.

Die Vorschriften des SGB X gelten ausdrücklich nicht für die Verfolgung und Ahndung von Ordnungswidrigkeiten. Hier ist allein das Gesetz über Ordnungswidrigkeiten (OWiG) maßgeblich.

Die meisten Entscheidungen der Sozialleistungsträger ergehen als Verwaltungsakte. Für den einzelnen Bürger ist es von erheblicher Bedeutung, wann ein Verwaltungsakt vorliegt und welche Möglichkeiten dem Einzelnen zustehen, wenn der Verwaltungsakt ggf. fehlerhaft war. Dies wird in diesem Ratgeber ausführlich dargestellt.

In diesem Zusammenhang ist auch die Vorschrift des § 86 SGB X relevant. Danach sind die Leistungsträger, ihre Verbände und die im SGB genannten öffentlich-rechtlichen Vereinigungen verpflichtet, bei der Erfüllung der Aufgaben nach dem SGB zusammenzuarbeiten. So kann im Übrigen auch ein Leistungsträger (als Auftraggeber) die ihm obliegenden Aufgaben durch einen anderen Leistungsträger oder seinen Verband (Beauftragte) mit dessen Zustimmung wahrnehmen lassen.

Dieses Buch soll dazu dienen, die sehr komplexe Materie des Verwaltungsverfahrens im Sozialleistungsbereich anschaulich darzustellen und den Leser mit den Grundbegriffen und seinen Ansprüchen im Verwaltungsverfahren vertraut zu machen.

München, im Dezember 2025

Ralf Hauner

Abkürzungen

Abkürzung	Bedeutung
a. A.	andere Auffassung
Abs.	Absatz
Anm.	Anmerkung
Art.	Artikel
Aufl.	Auflage
BGB	Bürgerliches Gesetzbuch
BGH	Bundesgerichtshof
BSG	Bundessozialgericht
BVerfG	Bundesverfassungsgericht
BVerwG	Bundesverwaltungsgericht
bzw.	beziehungsweise
d. h.	das heißt
DSGVO	Datenschutz-Grundverordnung
ErstVfVb	Vereinbarung über die Durchführung des Erstattungsverfahrens nach den §§ 103, 106 ff. SGB X beim Zusammentreffen von Krankengeld und Rente
etc.	et cetera
evtl.	eventuell
ff.	fort folgende
gem.	gemäß
GG	Grundgesetz
ggf.	gegebenenfalls
GKG	Gerichtskostengesetz
GSV-Beitrag	Gesamtsozialversicherungsbeitrag
Halbs.	Halbsatz
i. d. R.	in der Regel
i. S. d.	im Sinne des
i. V. m.	in Verbindung mit
LE	Leistungsempfänger
LSG	Landessozialgericht
Nr.	Nummer
OVG	Oberverwaltungsgericht
OWiG	Gesetz über Ordnungswidrigkeiten
RDG	Rechtsdienstleistungsgesetz
RVG	Rechtsanwaltsvergütungsgesetz
RVO	Reichsversicherungsordnung
s.	siehe

Abkürzung	Bedeutung
SGB	Sozialgesetzbuch
SGB I	Sozialgesetzbuch – Erstes Buch (Allgemeiner Teil)
SGB IV	Sozialgesetzbuch – Viertes Buch (Gemeinsame Vorschriften für die Sozialversicherung)
SGB V	Sozialgesetzbuch – Fünftes Buch (Gesetzliche Krankenversicherung)
SGB VI	Sozialgesetzbuch – Sechstes Buch (Gesetzliche Rentenversicherung)
SGB X	Sozialgesetzbuch – Zehntes Buch (Sozialverwaltungsverfahren und Sozialdatenschutz
SGB XI	Sozialgesetzbuch – Elftes Buch (Soziale Pflegeversicherung)
SGG	Sozialgerichtsgesetz
StGB	Strafgesetzbuch
SvEV	Sozialversicherungsentgeltverordnung
u. a.	unter anderem
u. U.	unter Umständen
v. a.	vor allem
VA	Verwaltungsakt
vgl.	vergleiche
VwGO	Verwaltungsgerichtsordnung
VwVfG	Verwaltungsverfahrensgesetz
z. B.	zum Beispiel

1 Allgemeines

1

Der Verwaltungsbegriff

Das Sozialverwaltungsrecht befasst sich mit der Ausführung und Konkretisierung von Gesetzen sowie der Umsetzung und Ausgestaltung verfassungsrechtlicher Vorgaben.

Der Begriff der „Verwaltung" ist – wegen der Vielseitigkeit der öffentlichen Verwaltung – schwer zu beschreiben. Es gibt eine Vielzahl von Definitionen, die meist einen besonderen Bereich der Verwaltung in den Vordergrund stellen. Eine der Definitionen, die wir Ihnen im Folgenden vorstellen, beschreibt die „positive Begriffsbestimmung". Öffentliche Verwaltung ist:

- die planmäßige
- in ihren Zielen und Zwecken
- durch die Rechtsordnung
- und innerhalb dieser durch die politische Entscheidung der Regierung bestimmte Tätigkeit, mit der
- die Hoheitsträger
- durch konkrete Maßnahmen die Gesellschaftsordnung und die Umwelt gestalten.

Die negative Umschreibung lautet:

Öffentliche Verwaltung ist die Tätigkeit des Staates zur Verwirklichung seiner Zwecke und seiner Rechtsordnung, insofern sie weder Gesetzgebung noch Rechtsprechung ist.

Das Verwaltungsrecht hat den föderativen, sozialen, demokratischen, ökologischen, kulturellen und ökonomischen Rechtsstaat zu verwirklichen, Dienste zu erbringen und Einrichtungen vorzuhalten.

Die gesetzliche Krankenversicherung als Teil staatlicher Verwaltung bewegt sich mehr denn je im Spannungsfeld staatszweckbezogener Aufgabenerfüllung und dem Erbringen von Dienstleistungen am Kunden.

Deshalb sind Kenntnisse im Verwaltungsrecht, speziell im Verwaltungsverfahrensrecht, vor allem dem SGB X unerlässlich, um den genannten Ansätzen gerecht zu werden.

Einteilung der Sachgebiete des Rechts

Das Recht kann in die beiden großen Rechtsgebiete des öffentlichen und privaten Rechts eingeteilt werden. Das öffentliche Recht ist durch ein Über- und Unterordnungsverhältnis zwischen dem Bürger und der Verwaltung gekennzeichnet.

Zum öffentlichen Recht gehören u. a. folgende Rechtsbereiche:

- Völkerrecht
- Staats- und Verfassungsrecht
- Verwaltungsrecht
- Kirchenrecht
- Strafrecht
- Gerichtsverfassung und Prozessrecht
- Sozialrecht.

Das Privatrecht hingegen ist durch den sog. Gleichordnungsgrundsatz geprägt, d. h. hier stehen sich entweder zwei Bürger oder der Bürger und der Staat gleichberechtigt gegenüber. Zum Privatrecht zählen z. B. die folgenden Rechtsgebiete:

- Bürgerliches Recht (Schuldrecht, Sachenrecht, Familien- und Erbrecht)
- Handels- und Gesellschaftsrecht.

Wichtig: Einzelne Rechtsgebiete lassen sich beiden Rechtsgebieten zuordnen, insbesondere das Arbeitsrecht, das Elemente des öffentlichen und des privaten Rechts enthält. So gehören Themen wie Abschluss von Arbeitsverträgen und Kündigungsrecht zum Privatrecht und Themen wie betriebliche Mitbestimmung zum öffentlichen Recht.

Aufgaben der öffentlichen Verwaltung

Welche Tätigkeiten führen die Behörden aus?

Arten des Verwaltungshandelns:

- Verwaltungsakt, § 31 SGB X
- Rechtsnorm, §§ 33, 34 SGB IV
- Verwaltungsvorschrift

- verwaltungsinterne Einzelweisung
- öffentlich-rechtlicher Vertrag, § 53 SGB X
- schlichtes Verwaltungshandeln
- privatrechtliches Verwaltungshandeln.

Die Rechtsquellen der Verwaltung

Die Verwaltung übt Rechtsetzungs- und Rechtsvollziehungsfunktion zugleich aus (Art. 80 Abs. 1 GG). Es stellt sich daher die Frage nach den Rechtsgrundlagen, welche die öffentliche Verwaltung zum Handeln berechtigen und „Gesetz und Recht" ausmachen.

Die Arten der Rechtsnormen und ihre Rangordnung in absteigender Reihenfolge:

- Verfassungsrecht/Grundgesetz
- Gesetz
- Rechtsverordnungen (sind nach Art. 80 GG von der Exekutive auf Grundlage einer von der Legislative punktuell verliehenen Rechtsetzungsmacht erlassene Rechtsnormen), z. B. die Sozialversicherungsentgeltverordnung (SvEV)
- Satzungen (Rechtsvorschriften, die von einer dem Staat eingeordneten juristischen Person des öffentlichen Rechts im Rahmen der ihr gesetzlich verliehenen Autonomie mit Wirksamkeit für die ihr angehörigen und unterworfenen Personen erlassen werden). So bestimmt § 34 SGB IV etwa, dass sich jeder Versicherungsträger gibt eine Satzung gibt.
- Rechtsetzende Vereinbarungen, z. B. öffentlich-rechtlicher Vertrag (§ 53 SGB X) oder Gesamtverträge über die vertragsärztliche Versorgung der Kassenärztlichen Vereinigungen (§ 83 SGB V)
- Richterrecht, also Recht, das durch Gerichte geschaffen oder fortgebildet wird, um Lücken oder Unklarheiten in Gesetzen zu schließen oder das Recht an neue Entwicklungen anzupassen.
- Gewohnheitsrecht, also Recht, das entsteht, weil Menschen eine bestimmte Regel über längere Zeit befolgen – in der Überzeugung, dass diese Regel rechtlich verbindlich ist.

Einteilung der Verwaltung

Das Verwaltungshandeln der Verwaltung lässt sich nach der Wirkung für die Betroffenen einteilen. Hierbei unterscheidet man zwischen der Eingriffs- und Leistungsverwaltung.

Von der Eingriffsverwaltung spricht man, wenn die Behörde verbietend, gebietend, entscheidend, Zwang androhend oder Zwang anwendend in den Freiheitsraum der Bürger eingreift.

Beispiel:

Eintreibung von Beiträgen der Sozialversicherung im Rahmen der Zwangsvollstreckung.

Von der Leistungsverwaltung spricht man, wenn sich die Behörde um die Verbesserung der Lebensbedingungen der Bürger kümmert.

Beispiel:

Bereitstellung von Geld-, Sach- oder Dienstleistungen durch die Verwaltung nach § 11 ff. SGB I.

Darüber hinaus lässt sich das Handeln der Verwaltung nach der Rechtsform einteilen. Man unterscheidet hier das hoheitliche und fiskalische Handeln der Verwaltung.

Die Verwaltung handelt hoheitlich, wenn sie bei der Bewältigung staatlicher Aufgaben öffentlich-rechtliche Vorschriften anwendet (z. B. SGB) und deshalb eine gegenüber dem Bürger herausgehobene Stellung in der Rechtsverordnung einnimmt.

Beispiel:

Das Sozialamt zahlt Leistung der Grundsicherung im Alter aus.

Ein fiskalisches Handeln der Verwaltung liegt vor, wenn der Staat bei der Erledigung privatrechtlicher Geschäfte dem Bürger gleichgeordnet und gleichberechtigt gegenübersteht. Dabei erfüllt er seine Aufgaben mit den gleichen Mitteln, die auch jeder Privatperson zur Verfügung stehen.

Beispiel:

Die Behörde schließt Arbeitsverträge ab, mietet Geschäftsräume an oder kauft Büromöbel.

Wichtige Grundsätze der Verwaltung

- Gesetzmäßigkeit der Verwaltung
- Vorbehalt des Gesetzes
- Vorrang des Gesetzes
- Verhältnismäßigkeit, § 65 SGB I
- Zweckmäßigkeit, § 12 Abs. 1 SGB V
- Zügigkeit, § 17 Abs. 1 SGB I
- Wirtschaftlichkeit, § 12 Abs. 1 SGB V
- Wahrung des Sozialgeheimnisses, § 35 SGB I, §§ 67 ff. SGB X
- Ermessen, § 39 SGB I
- Beurteilungsspielraum
- Grundsatz von Treu und Glauben (§ 242 BGB), § 45 SGB X, Sozialrechtlicher Herstellungsanspruch.

Der Grundsatz der Gesetzmäßigkeit der Verwaltung

Der Grundsatz der Gesetzmäßigkeit der Verwaltung bindet die Verwaltung an die Regelung des Gesetzes. Dies geschieht durch den Grundsatz des Vorrangs des Gesetzes und durch den Grundsatz des Vorbehalts des Gesetzes.

Grundsatz des Vorrangs des Gesetzes:

Dieser Grundsatz besagt, dass die Verwaltung keine Maßnahmen treffen darf, die gegen bestehende Gesetze verstoßen würden. Dies gilt uneingeschränkt für alle Bereiche der Verwaltung, weil es ein Grundanliegen des Rechtsstaats ist, willkürliches Verwaltungshandeln zu verhindern.

Grundsatz des Vorbehalts des Gesetzes:

Dieser Grundsatz besagt, dass die Verwaltung nur dann tätig werden darf, wenn sie dazu durch ein Gesetz ermächtigt worden ist. Der Grundsatz gilt weitgehend auch für die Leistungsverwaltung, weil auch die Gewährung staatlicher Leistungen die Freiheit des Bürgers beeinflusst und weil es dem Demokratieprinzip entspricht, dass das gewählte Parlament die für den Bürger bedeutsamen Regelungen erlässt.

Der Grundsatz gilt uneingeschränkt für die Eingriffsverwaltung, weil durch Eingriffe der Verwaltung in Freiheit und Eigentum des Bürgers

Grundrechte betroffen sind, deren Einschränkung nur auf gesetzlicher Grundlage zulässig ist.

Grundsatz der Verhältnismäßigkeit

Eines der Merkmale des deutschen Rechtsstaates ist der „Grundsatz der Verhältnismäßigkeit", Art. 1 Abs. 3 GG, Art. 20 Abs. 3 GG. Dies bedeutet, dass sämtliche gerichtliche Entscheidungen, Verwaltungsakte und Gesetze dem Verhältnismäßigkeitsgrundsatz entsprechen müssen. Dieser Grundsatz dient dem Zweck, den Bürger vor übermäßigen Übergriffen des Staates zu schützen. Er wird deshalb auch als „Übermaßverbot" bezeichnet.

Die Verwaltung hat im Rahmen der Verhältnismäßigkeit Folgendes zu beachten:

a) Ist der Zweck, der die Maßnahme erforderlich macht, überhaupt legitim? Wenn ein Zweck an sich schon gegen die Wertung des GG verstößt, ist er nicht legitim (Legitimer Zweck).
b) Die Maßnahme muss geeignet sein, den angestrebten Zweck zumindest zu fördern (Geeignetheit).
c) Es ist diejenige Maßnahme auszuwählen, die den Einzelnen oder die Allgemeinheit am wenigsten beeinträchtigt, es ist zu fragen, ob nicht ein „milderes Mittel" zur Erreichung des Ziels zur Verfügung steht (Erforderlichkeit).
d) Verbundene Nachteile dürfen zum angestrebten Ziel nicht erkennbar außer Verhältnis stehen (Angemessenheit).

Grundsatz der Zweckmäßigkeit

Der Grundsatz der Zweckmäßigkeit ist ein Prinzip des Verwaltungshandelns, nach dem von mehreren Handlungsalternativen diejenige gewählt werden sollte, die die Erreichung des angestrebten Ziels am besten gewährleistet. Während die Rechtmäßigkeitsanforderungen zu einer rechtsverträglichen Entscheidung führen sollen, dienen die Zweckmäßigkeitsüberlegungen der optimalen Entscheidungsfindung. Die Behörde ist aufgrund des Verhältnismäßigkeitsgrundsatzes verpflichtet, von mehreren möglichen und geeigneten Maßnahmen i. d. R. das mildeste Mittel zu wählen. Daher ist grundsätzlich nur dort Raum für eine Auswahl der richtigen Maßnahme nach Zweckmäßigkeitsgesichtspunkten, wenn zwei oder mehrere Mittel gleichrangig nebeneinander in Betracht kommen.

Zügigkeit der Leistungsgewährung

Die Pflicht zur zügigen Leistungsgewährung folgt dem Grunde nach bereits aus § 41 SGB I, weil im Regelfall die gesetzlichen Ansprüche auf Sozialleistungen mit ihrem Entstehen kraft Gesetzes fällig werden und damit dann auch zu erfüllen sind; dies gilt insbesondere, wenn diese von existentieller Bedeutung für den Berechtigten sind (Klose in: Haufe, Komm. zu § 17 SGB I Rz. 6).

Ausübung von Ermessen nach § 39 SGB I

In bestimmten Fällen überlässt das Gesetz es der Verwaltung, welche von mehreren in Betracht kommenden Entscheidungen sie trifft. Ermessen wird also nur hinsichtlich der Rechtsfolge ausgeübt, nicht dagegen hinsichtlich der Prüfung des Tatbestandes. Die Formulierungen des Gesetzes, die der Verwaltung „freies Ermessen" einräumen, sind verschieden (z. B. kann, darf). Dieses Ermessen ist allerdings insoweit nicht frei, dass die Verwaltung nach ihrem Belieben verfahren kann; vielmehr hat sie ihr Ermessen entsprechend dem Zweck der Ermächtigung auszuüben und die gesetzlichen Grenzen des Ermessens einzuhalten. Auf pflichtgemäße Ausübung des Ermessens besteht ein Rechtsanspruch (§ 39 SGB I).

§ 43 SGB V enthält eine derartige Ermessensvorschrift. Die Kasse kann, d. h. sie muss nicht, ergänzende Leistungen gewähren. Der Versicherte hat also keinen unmittelbaren Rechtsanspruch auf die Leistung. Nicht im Ermessen steht dagegen die Bedingung, „wenn zuletzt die Krankenkasse Krankenbehandlung geleistet hat oder leistet". Ohne Vorliegen dieses Tatbestandsmerkmals darf die Rechtsfolge nicht eintreten.

Bei der Entscheidung, ob, in welcher Art und in welchem Umfang die Kasse ergänzende Leistungen zur Verfügung stellt (z. B. Rehabilitationssport fördert), hat sie sich ausschließlich von sachlichen Gesichtspunkten unter gerechter und billiger Abwägung des öffentlichen Interesses (hier der Versichertengemeinschaft und der Belange des Versicherten) leiten zu lassen (z. B. abwägen zwischen Aufwand und Erfolg, Gleichbehandlung etc.).

Eine weitere Ermessensvorschrift stellt § 66 SGB I dar. Kommt derjenige, der eine Sozialleistung beantragt oder erhält, seinen Mitwirkungspflichten nach den §§ 60 bis 62, 65 SGB I nicht nach und wird hierdurch die Aufklärung des Sachverhalts erheblich erschwert, kann der Leistungsträger ohne weitere Ermittlungen die Leistung bis zur Nachholung der Mitwirkung ganz oder teilweise versagen oder entziehen, soweit die Voraussetzungen der Leistung nicht nachgewiesen sind.

Beurteilungsspielraum

Der Begriff Beurteilungsspielraum unterscheidet sich von dem des Ermessens insofern, als hier ein unbestimmter Rechtsbegriff auf der Tatbestandsseite ausgefüllt werden muss. Da die Bewertung dieses Rechtsbegriffs durch die Rechtsanwender notwendigerweise subjektiv gefärbt und auch von unwägbaren Beurteilungselementen beeinflusst wird, stehen dem Rechtsanwender oftmals Kriterien zur Seite, mit deren Hilfe er den unbestimmten Rechtsbegriff, bei dem er einen Beurteilungsspielraum hat, ausfüllen kann.

Damit Sachbearbeiter A z. B. nicht anders entscheidet als Sachbearbeiter B, existieren u. a. Rundschreiben, Besprechungsergebnisse der Spitzenverbände, welche die Entscheidungen der einzelnen Sachbearbeiter beim Ausfüllen des unbestimmten Rechtsbegriffes „angemessenes Verhältnis" erleichtern und vereinheitlichen sollen.

§ 38 SGB V ist eine Vorschrift, bei der die Kasse sowohl auf der Rechtsfolgenseite Ermessen ausübt als auch auf der Tatbestandsseite bei einem unbestimmten Rechtsbegriff „angemessenes Verhältnis" einen Beurteilungsspielraum hat. Als Hilfe zur inhaltlichen Ausfüllung dieses Spielraums ist hierzu im Rundschreiben zur Haushaltshilfe erläutert, was allgemein als angemessen in diesem Sinne anzusehen ist. Darüber hinaus bleibt für Sonderfälle ein weiterer Beurteilungsspielraum.

Grundsatz von Treu und Glauben

Treu und Glauben ist ein allgemeines Prinzip unserer Rechtsordnung. Dieses Prinzip gilt als allgemeiner Rechtsgedanke auch im Verwaltungsrecht. Er wird aus § 242 BGB abgeleitet, der über seinen Wortlaut hinaus das allgemeine Gebot der Beachtung von Treu und Glauben im rechtlichen Verkehr als allgemeinen Maßstab enthält, unter dem das gesamte private und öffentliche Recht steht.

Die Rechtsnorm des § 242 BGB

Es wird von jedem ein Verhalten gefordert, das von redlich und anständig denkenden Menschen unter den gegebenen Umständen an den Tag gelegt würde. Nach § 242 BGB ist bei Schuldverhältnissen der Schuldner verpflichtet, die Leistung so zu bewirken, wie Treu und Glauben mit Rücksicht auf die Verkehrssitte es erfordern. Einen entsprechenden Grundsatz stellt § 157 BGB für die Auslegung von Verträgen auf. Der Grundsatz nach Treu und Glauben verbietet die missbräuchliche Ausnutzung formaler Rechtsstellung (v. a. Verbot der Schikane), bestimmt die Erweiterung der Leistung auf Nebenpflichten

(Schutz-, Anzeige-, Unterlassungs-, Vorbereitungs- und Mitwirkungspflichten, z. B. ist Ware auch ohne ausdrückliche Vereinbarung ordnungsgemäß zu verpacken) und begründet schon mit dem Eintritt in Vertragsverhandlungen ein vertragsähnliches Vertrauensverhältnis.

Weiterhin ist auf seiner Grundlage die Lehre von der Umgestaltung der durch die tatsächlichen Verhältnisse überholten Rechtsverhältnisse (Geschäftsgrundlage) sowie die Lehre von der Verwirkung bestehender Rechte entwickelt worden. Einen Verstoß gegen den Grundsatz von Treu und Glauben hat das Gericht von Amts wegen zu berücksichtigen; dieser steht der Rechtswirksamkeit der entsprechenden Handlung oder Erklärung entgegen (s. Duden Recht A-Z: Fachlexikon für Studium, Ausbildung und Beruf, 3. Aufl., Berlin 2015.).

Die Bedeutung von §45 SGB X

Gemäß §45 Abs. 1 SGB X darf ein Verwaltungsakt, der ein Recht oder einen rechtlich erheblichen Vorteil begründet oder bestätigt hat (begünstigender Verwaltungsakt), soweit er rechtswidrig ist, auch nachdem er unanfechtbar geworden ist, (nur) unter den Einschränkungen des §45 Abs. 2 bis 4 SGB X ganz oder teilweise mit Wirkung für die Zukunft oder für die Vergangenheit zurückgenommen werden.

§45 Abs. 2 SGB X enthält Bestimmungen zum Vertrauen des Begünstigten in den Bestand des ursprünglichen Verwaltungsaktes. Vertrauensschutzvorschriften bilden einen eigenständigen, materiellen Rechtsgrund für das Behaltendürfen einer Leistung, sodass die Rücknahmevoraussetzungen (einschließlich der Ermessensbetätigung durch die Behörde) umfassend zu prüfen sind.

Sozialrechtlicher Herstellungsanspruch

Der sozialrechtliche Herstellungsanspruch dient dem Ausgleich von Schäden, die aus der Verletzung behördlicher Auskunfts-, Beratungs- und Betreuungspflichten im Sozialrechtsverhältnis resultieren.

Durch ihn sollen die Schäden ausgeglichen werden, die aufgrund der Kompliziertheit und Undurchschaubarkeit dieses Teils der Rechtsordnung entstehen (vgl. Ossenbühl/Cornils, in: Staatshaftungsrecht, S. 393.).

Er verfolgt nicht die Beseitigung eines eingetretenen Zustandes, sondern richtet sich auf die Herstellung des Zustandes, der bei pflichtgemäßem Verhalten der Behörde bestehen würde.

Sozialrechtlicher Herstellungsanspruch
Der sozialrechtliche Herstellungsanspruch bedeutet:

Herstellung des Zustandes, der bestehen würde, wenn der Sozialleistungsträger pflichtgemäß gehandelt hätte.

Voraussetzung: Durch die Pflichtverletzung des Sozialleistungsträgers muss dem Bürger ein Nachteil entstanden sein.

Ein sozialrechtlicher Herstellungsanspruch liegt also vor, wenn folgende Punkte erfüllt sind:

- Pflichtverletzung
- Bewirken eines sozialrechtlichen Nachteils
- Schutzzweckzusammenhang zwischen Pflichtverletzung und Nachteil
- Pflichtverletzung muss wesentliche, zumindest gleichwertige Bedingung für Rechtsbeeinträchtigung gewesen sein
- eingetretener Nachteil muss durch rechtlich zulässige Amtshandlung nachträglich beseitigt werden können

Konsequenz: Sozialleistungsträger verzichtet auf Geltendmachung von Erfüllungshindernissen.

Ein sozialrechtlicher Herstellungsanspruch kann sich z. B. ergeben, wenn eine Nebenpflicht – Beratungspflicht, Fürsorgepflicht – verletzt ist. Der Anspruch muss selbstständig geltend gemacht werden. Ein allgemeiner Herstellungsanspruch ist nur denkbar, wenn es keine gesetzliche Regelung über die Rechtsfolgen einer Verletzung von Nebenpflichten gibt. Auch Rechtsbehelfe des SGG, die in diese Richtung gehen, schließen den Anspruch aus; ebenso geht § 44 SGB X vor.

Der Anspruch ist auf die Vornahme einer Rechtshandlung zur Herstellung des Zustandes gerichtet, der bestehen würde, wenn der Sozialleistungsträger die ihn treffende Nebenpflicht ordnungsgemäß erfüllt hätte. Der Anspruch setzt kein Verschulden voraus. Er kann zur Folge haben, dass versäumte Anträge und Erklärungen als rechtzeitig und ordnungsgemäß gelten.

Der Anspruch ist auf die Vornahme einer Rechtshandlung zur Herstellung des Zustandes gerichtet, der bestehen würde, wenn der Sozialleistungsträger die ihn treffende Nebenpflicht ordnungsgemäß erfüllt hätte. Der Anspruch setzt kein Verschulden voraus. Er kann zur

1 Folge haben, dass versäumte Anträge und Erklärungen als rechtzeitig und ordnungsgemäß gelten.

Exkurs: Amtshaftungsanspruch

Grundsätzlich kann bei Beratungsfehlern auch ein Schadensersatzanspruch aufgrund Amtshaftung bestehen (Art. 34 GG, § 839 BGB). Dieser ist auf Schadensersatz in Geld ohne Neugestaltung des Sozialrechtsverhältnisses gerichtet. Im Unterschied zum sozialrechtlichen Herstellungsanspruch ist der Amtshaftungsanspruch somit auf die Zahlung einer Geldentschädigung gerichtet (dazu BGH, Urt. v. 02.08.2018 – III ZR 466/16).

2 Verwaltungsverfahrensrecht

2

Begriff des Verwaltungsverfahrens

Die allgemeinen Vorschriften für das Verwaltungsverfahren befinden sich in den §§8–30 SGB X.

Das Verwaltungsverfahren gemäß §8 SGB X umfasst alle Tätigkeiten einer Behörde, die nach außen wirken (also gegenüber Bürgern, Unternehmen usw.) und die auf ein bestimmtes Ziel gerichtet sind – nämlich:

- die Prüfung der Voraussetzungen für eine Entscheidung (z. B. ob jemand Anspruch auf eine Leistung hat),
- die Vorbereitung und den Erlass eines Verwaltungsaktes (z. B. Bescheid über Bewilligung oder Ablehnung einer Leistung), oder
- den Abschluss eines öffentlich-rechtlichen Vertrages (z. B. Eingliederungsvereinbarung).

Nach §9 SGB X ist das Verwaltungshandeln an keine bestimmte Form gebunden. Dies gilt allerdings nur, wenn keine besonderen Formvorschriften in einzelnen Normvorschriften des SGB vorliegen.

Wichtig: Das Verwaltungsverfahren ist einfach, zweckmäßig und zügig durchzuführen.

In der Praxis gibt es verschiedene Formen, um das Verwaltungsverfahren durchzuführen. In der Mehrzahl der Fälle werden Sozialleistungsverfahren schriftlich durchgeführt, aber auch das mündliche Verfahren, z. B. bei einem Beratungsbesuch in der Krankenkasse, ist möglich. Entsprechende Beratungsangebote haben auch die Rentenversicherungsträger in ihren Auskunfts- und Beratungsstellen und in Form von zertifizierten Rentenberatern.

Ziele des Verwaltungsverfahrens

Mit dem Verwaltungsverfahren nach dem SGB X werden folgende Ziele verfolgt:

- Erleichterung der Rechtsanwendung durch Verwaltung und Rechtsprechung.
- Gewährleistung von Rechtssicherheit und Einzelfallgerechtigkeit.
- Förderung des Rechtsverhältnisses des Bürgers durch mehr Transparenz und Berechenbarkeit der Rechtsentscheidung.
- Entscheidungsvorbereitung, z. B. durch Mitwirkungsrechte des Bürgers (Akteneinsicht, Begründungspflicht, Anhörung).

- Stärkung des Vertrauensschutzes des Bürgers, beispielsweise durch Bestandskraft von begünstigenden Verwaltungsakten.

Einteilung in formelles und materielles Recht

Das Recht im Sozialrecht wird in ein materielles und formelles Recht eingeteilt. Diese Unterscheidung ist grundlegend, um zu verstehen, was das Recht regelt und wie es angewendet wird.

Das materielle Recht enthält die inhaltlichen Regelungen, also Rechte und Pflichten der Bürgerinnen und Bürger sowie der Sozialleistungsträger. Es legt fest, wer was von wem verlangen darf und unter welchen Voraussetzungen.

Das materielle Recht benennt die Rechte und Pflichten aus dem Sozialgesetzbuch. Es enthält die inhaltlichen Regelungen, also Rechte und Pflichten der Bürgerinnen und Bürger sowie der Sozialleistungsträger. Es legt fest, wer was von wem verlangen darf und unter welchen Voraussetzungen (z B. Geltendmachung von Ansprüchen nach dem SGB V).

Das materielle Recht beantwortet also die Frage: „Was gilt?" bzw. „Welche Rechte und Pflichten bestehen?"

Das formelle Recht hingegen regelt das Verfahren, also das „Wie" der Rechtsanwendung. Es bestimmt, nach welchen Verfahrensgrundsätzen und Abläufen gehandelt werden muss, um die materiellen Rechte durchzusetzen oder zu prüfen. Das formelle Recht ist im SGB X niedergelegt.

Beginn des Verwaltungsverfahrens

Das Initiativrecht für die Verfahrenseinleitung liegt bei den Behörden; sie entscheiden nach pflichtgemäßem Ermessen, ob und wann sie ein Verwaltungsverfahren durchführen, § 18 Satz 1 SGB X.

§ 18 Satz 2 SGB X enthält eine Ausnahme von der Grundregel. Diese gilt nicht, wenn die Behörde aufgrund von Rechtsvorschriften

- auf Antrag (Leistungen) oder
- von Amts wegen (Beiträge/Versicherung)

tätig werden muss.

Muss die Krankenkasse aufgrund von Rechtsvorschriften (Gesetze, Rechtsverordnungen, Satzungen) von Amts wegen oder auf Antrag tätig werden, ist für pflichtgemäßes Ermessen kein Raum mehr.

Von Amts wegen einzuleiten ist z. B.:

- Einzug des Gesamtsozialversicherungsbeitrages
- Aufhebung bestandskräftiger Verwaltungsakte nach den §§ 44, 48 SGB X.

Für zahlreiche Leistungen im Sozialrecht bedarf es eines Antrags, mit der Folge, dass die Existenz bzw. das Fehlen des Antrags die Eröffnung bzw. Nichteröffnung des Verfahrens beeinflussen. Führt die Behörde ein antragsabhängiges Verfahren ohne Antrag durch, stellt dies einen Verfahrensmangel dar, der allerdings durch Nachholung des Antrags geheilt werden kann (§ 41 Abs. 1 Nr. 1 SGB X).

Ein Antrag ist jede Erklärung, durch die jemand Sozialleistungen ganz allgemein oder eine bestimmte Sozialleistung begehrt.

Wird ein Antrag gestellt, muss die Behörde ein Verwaltungsverfahren einleiten. Der Antrag muss nicht förmlich gestellt werden, die Bekundung des Willens, eine Sozialleistung zu begehren, reicht aus; dieser ist ggf. durch Auslegung zu ermitteln.

Anträge sind grundsätzlich gegenüber der entscheidenden Behörde zu stellen, ggf. reicht die Antragstellung bei einer anderen Behörde aus. Gemäß § 7a Abs. 2 Satz 6 SGB XI kann ein Antrag nach dem SGB XI und SGB V auch gegenüber Pflegeberater/innen gestellt werden. Diese leiten den Antrag an die Kranken- und Pflegekasse weiter. Der Leistungsbescheid ist dann zeitgleich dem/der Antragsteller/in und dem/der Pflegeberater/in zuzuleiten.

Verfahrensbeteiligte

§ 12 SGB X enthält eine abschließende Aufzählung der am Verwaltungsverfahren Beteiligten.

Zu unterscheiden sind Beteiligte kraft Gesetzes (§ 12 Abs. 1 Nr. 1 bis 3 SGB X) und Beteiligte kraft Hinzuziehung (§ 12 Abs. 1 Nr. 4 und Abs. 2 SGB X). Hier werden in erster Linie die Antragsteller und Antragsgegner benannt. Antragsteller ist zum Beispiel:

- Der Versicherte, der die Gewährung von Leistungen, z. B. auf Arbeitslosengeld, Krankengeld, Rentenzahlung etc. beantragt.

Als Antragsgegner sind die Sozialleistungsträger (Behörden) anzusehen.

Beteiligte am Verwaltungsverfahren sind außerdem diejenigen

- an die die Behörde den Verwaltungsakt richten will oder gerichtet hat
- mit denen die Behörde einen öffentlich-rechtlichen Vertrag schließen will oder geschlossen hat
- die von der Behörde zu dem Verfahren hinzugezogen worden sind.

Beteiligungsfähigkeit

§ 10 SGB X bestimmt, wer fähig ist, als Beteiligter (also als Subjekt) am sozialrechtlichen Verwaltungsverfahren teilzunehmen. Die Beteiligungsfähigkeit ist eine zwingende Verfahrensvoraussetzung und wird von Amts wegen, also automatisch durch die Behörde, geprüft. Ohne Beteiligungsfähigkeit kann jemand nicht wirksam Verfahrenshandlungen vornehmen oder Empfänger eines Verwaltungsaktes sein.

Beteiligungsfähig sind:

- Natürliche Personen

  Das sind alle Menschen von Geburt an bis zum Tod. Im Sozialrecht sind sie in der Regel Leistungsberechtigte oder Leistungsempfänger, also z. B. Versicherte, Rentner, Arbeitsuchende oder Pflegebedürftige. Ihre Beteiligungsfähigkeit ist nicht von der Geschäftsfähigkeit abhängig – auch Minderjährige oder gesetzlich Betreute können beteiligt sein; gegebenenfalls handeln für sie gesetzliche Vertreter (z. B. Eltern, Betreuer, Vormund).
- Juristische Personen

  Juristische Personen sind u. a. Aktiengesellschaften und GmbHs, aber auch eingetragene Vereine, Stiftungen und auch Sozialversicherungsträger (z. B. Krankenkassen, Rentenversicherungsträger).
- Vereinigungen, soweit ihnen ein Recht zustehen kann

  Das sind nichtrechtsfähige Zusammenschlüsse, etwa Initiativen, Arbeitsgemeinschaften oder Gemeinschaften von Leistungserbringern, sofern sie rechtlich geschützte Interessen haben, die Gegenstand des Verfahrens sein können (z. B. Selbsthilfegruppen)
- Behörden.

  Auch öffentliche Stellen können Beteiligte sein, insbesondere, wenn sie selbst Adressaten, Antragsteller oder Träger von Rechten und Pflichten in einem sozialrechtlichen Verwaltungsverfahren sind. So kann eine kommunale Behörde im Verfahren mit einem Rentenversicherungsträger oder einer Krankenkasse Beteiligte sein, etwa wenn es um Kostenerstattung oder Zuständigkeitsstreitigkeiten geht.

Verfahrenshandlungsfähigkeit

Die in jeder Phase des Verfahrens von Amts wegen zu prüfende Fähigkeit zur Vornahme (Abgabe und Entgegennahme) von Verfahrenshandlungen bestimmt sich nach § 11 SGB X.

Diese Verfahrenshandlungsfähigkeit bezeichnet die Fähigkeit, im Verwaltungsverfahren wirksam Handlungen vorzunehmen oder entgegenzunehmen, also z. B. Anträge zu stellen, Erklärungen abzugeben, Widerspruch einzulegen oder Bescheide zu empfangen.

Nach § 11 Abs. 1 SGB X ist verfahrenshandlungsfähig wer:

- geschäftsfähig ist

  Nach § 104 ff. BGB ist geschäftsfähig, wer das 18. Lebensjahr vollendet hat und nicht wegen krankhafter Störung der Geistestätigkeit dauerhaft unfähig ist, seine Handlungen zu verstehen oder zu steuern.

- als beschränkt geschäftsfähige Person (z. B. Minderjährige) nach § 11 Abs. 1 Nr. 2 SGB X zur Wahrnehmung bestimmter Angelegenheiten befugt ist.

  Minderjährige, die das 7., aber noch nicht das 18. Lebensjahr vollendet haben, sind nach § 106 BGB beschränkt geschäftfähig. Sie können unter bestimmten Voraussetzungen Verfahrenshandlungen selbst vornehmen, wenn der Gegenstand des Verfahrens ein Recht betrifft, das sie ohne Zustimmung des gesetzlichen Vertreters ausüben dürfen, oder es sich um Angelegenheiten handelt, in denen das Sozialrecht besondere Befugnisse einräumt.

- nach besonderen sozialrechtlichen Vorschriften selbstständig handeln darf, wie etwa nach § 36 SGB I.

  Nach § 36 SGB I können Minderjährige ab Vollendung des 15. Lebensjahres im Bereich der Sozialleistung eigenständig handeln. Beispiel: Eine 16-jährige Auszubildende beantragt Berufsausbildungsbeihilfe (BAB) – sie darf dies ohne Unterschrift der Eltern tun, weil sie nach § 36 SGB I verfahrenshandlungsfähig ist.

3 Bevollmächtigte/Beistände

3

Vertretungsregelungen

In §§ 13–15 SGB X sind die Regelungen einer möglichen Stellvertretung niedergelegt.

Zu den zentralen Rechten im Rechtsstaat zählt, dass sich ein Betroffener in behördlichen und gerichtlichen Verfahren durch kompetente Bevollmächtigte vertreten lassen kann (allg. Persönlichkeitsrecht Art. 2 Abs. 1 i. V. m. Art. 1 Abs. 1 GG; BVerfGE 38, 105). Dies gilt auch für das Sozialverwaltungsverfahren.

Die Stellvertretung kann per Gesetz und durch Vollmacht erfolgen.

Die gesetzliche Stellvertretung ist für folgende Personenkreise vorgesehen:

- Eltern gegenüber minderjährigen Kindern
- Vormund
- gesetzlicher Betreuer
- Ehepartner nach dem Ehegattenvertretungsrecht
- Organvertretung bei juristischen Personen (z. B. Vorstand einer Aktiengesellschaft).

Bevollmächtigte

Bevollmächtigte sind handlungsfähige natürliche Personen i. S. d. § 11 Nr. 1 SGB X (= voll geschäftsfähig), die aufgrund einer rechtsgeschäftlichen Vollmacht den Beteiligten in einem Verfahren vertreten (z. B. Anwälte, Gewerkschaftssekretäre, Mitarbeiter sozialer Beratungsstellen). Keine Bevollmächtigten sind Personen, die aufgrund gesetzlicher Vertretungsmacht für einen Beteiligten tätig werden (z. B. bestellter Betreuer, Eltern für minderjähriges Kind).

Eine Pflicht zur Bestellung eines „Empfangsbevollmächtigten" besteht nur gem. § 14 SGB X bei Beteiligten ohne Wohnsitz oder gewöhnlichem Aufenthalt im Inland oder von Amts wegen in Fällen des § 15 SGB X (insbesondere für Beteiligte, die aufgrund psychischer Krankheit, körperlicher, geistiger oder seelischer Behinderung nicht in der Lage sind, in dem Verwaltungsverfahren selbst tätig zu werden).

Die Bestellung des Bevollmächtigten erfolgt durch eine einseitige empfangsbedürftige Willenserklärung, die sog. Vollmacht (§ 166 Abs. 2 BGB). Der Bevollmächtigung liegt meist ein Auftrag oder

Dienstvertrag zugrunde. Eine bestimmte Form der Vollmacht ist gesetzlich nicht vorgeschrieben, jedoch kann die Behörde gem. § 13 Abs. 1 Satz 3 SGB X eine schriftliche Vollmachtserklärung verlangen; dies wird ggf. bei Zweifeln der Fall sein.

Der Bevollmächtigte ist berechtigt, für den Beteiligten verpflichtende und berechtigende Verfahrenshandlungen mit unmittelbarer Wirkung für und gegen den Beteiligten vorzunehmen; einer Zustimmung des Beteiligten in die Erklärung bedarf es nicht (§ 13 Abs. 1 Satz 2 Halbs. 2 SGB X). Die Bevollmächtigung gilt uneingeschränkt für alle Verfahrenshandlungen (z. B. Antragstellung, Erklärungsabgabe, Empfang von Bescheiden, Rechtsbehelfseinlegung), soweit sie nicht höchstpersönlicher Natur sind (vgl. § 21 Abs. 1 Satz 2 Nr. 2, Abs. 2 SGB X), es sei denn, der Beteiligte hat die Vollmacht erkennbar eingeschränkt.

Ist ein Bevollmächtigter bestellt, muss sich die Behörde bei allen Verfahrenshandlungen, die sie gegenüber dem Beteiligten vornehmen will, an den Bevollmächtigten wenden (§ 13 Abs. 3 Satz 1 SGB X).

Nur so weit der Beteiligte zur Mitwirkung verpflichtet ist (z. B. persönliche Angaben, die nur er machen kann; ärztliche Untersuchungen), kann (Ermessen) sich die Behörde unmittelbar an ihn wenden (§ 13 Abs. 3 Satz 2 SGB X), muss aber auch den Bevollmächtigten informieren (§ 13 Abs. 3 Satz 3 SGB X).

§ 13 Abs. 3 SGB X gilt nur für die Pflicht der Behörde, der Beteiligte darf sich stets auch selbst an die Behörde wenden. Verfahrenshandlungen, die ein Dritter ohne Vollmacht vornimmt, können vom Beteiligten genehmigt und damit wirksam werden. Hierfür kann die Behörde eine Frist setzen. Wenn ein Bevollmächtigter ohne Vollmacht diese nicht innerhalb einer von der Behörde gesetzten Frist nachweist, werden seine Erklärungen unwirksam, falls sie der Beteiligte nicht genehmigt. Das Fehlen der Vollmacht kann durch Genehmigung während des Verwaltungsverfahrens nachträglich geheilt werden.

Die Behörde ist berechtigt, einen Widerspruch als unzulässig zu verwerfen, sofern der Bevollmächtigte die Vollmacht nicht innerhalb der ihm von der Behörde gesetzten – angemessenen – Frist nachgewiesen hat und er auf die Unzulässigkeit des Widerspruchs bei fehlendem Nachweis der Vollmacht hingewiesen wurde. Wurde der Widerspruch sodann als unzulässig verworfen, kann der Mangel der fehlenden Vollmacht in einem nachfolgenden gerichtlichen Verfahren nicht mehr geheilt werden (Kommentierung zu § 13 SGB X bei Haufe, LSG Rheinland-Pfalz, Urt. v. 30.04.2013 – L 3 AS 98/13; LSG Berlin-Brandenburg, Beschl. v. 23.01.2013 – L 25 AS 1146/11 B PKH; LSG Nordrhein-Westfalen, Beschl. v. 16.10.2013 – L 2 AS 1342/13 B).

Die Bevollmächtigung endet durch den Widerruf, nicht hingegen durch Änderung der Handlungsfähigkeit, der gesetzlichen Vertretung oder durch Tod des Vollmachtgebers (vgl. § 13 Abs. 2 SGB X). Sie endet auch mit dem Tod oder dem Eintritt der Handlungsunfähigkeit des Bevollmächtigten.

Die Bevollmächtigung endet schließlich mit dem rechtskräftigen Abschluss des Verfahrens. Wird dem Bevollmächtigten danach ein Bescheid zugestellt, ist die Zustellung schwebend unwirksam, sie hängt von der Genehmigung des Beteiligten ab.

Vertreterbestellung: Ist kein Vertreter vorhanden, hat das Betreuungsgericht nach den Voraussetzungen des § 15 SGB X auf Ersuchen der Krankenkasse einen Vertreter zu bestellen.

Beistände

Beistände sind Personen, die einen Beteiligten zu Verhandlungen oder Besprechungen begleiten (§ 13 Abs. 4 SGB X), die also anders als Bevollmächtigte nicht statt, sondern neben dem Beteiligten auftreten. Sie sind nicht zu alleinigem Auftreten oder zu eigenständigen Verfahrenshandlungen berechtigt.

Einer besonderen Legitimation bedarf es nicht.

Beistände können nur handlungsfähige natürliche Personen i. S. d. § 11 Nr. 1 SGB X (= voll geschäftsfähig) sein. Sie sind nicht zum schriftlichen Vortrag zugelassen (h. M., streitig: § 13 Abs. 4 Satz 1 SGB X: „erscheinen", dagegen § 13 Abs. 5, 6 zur Zurückweisung).

Das vom Beistand Vorgetragene gilt als vom Beteiligten vorgebracht, soweit er nicht unverzüglich (= ohne schuldhaftes Zögern) widerspricht. Das ist der Fall, nachdem der Beteiligte die Bedeutung des Vortrags des Beistandes erkannt hat (a. A. nur bis zum Abschluss der Verfahrenshandlung).

Zurückweisung von Bevollmächtigten und Beiständen

Grundsätzlich dürfen nur befugte Personen geschäftsmäßige Rechtsberatung und -besorgung durchführen (RDG). Rechtsanwälte sind auf allen Rechtsgebieten zur geschäftsmäßigen Rechtsbesorgung befugt. Nach dem RDG sind Rechtsdienstleistungen erlaubt, die als Nebenleistung zum Berufs- oder Tätigkeitsbild gehören (§ 5 RDG), die unentgeltlich in familiären, nachbarschaftlichen oder ähnlich engen persönlichen Beziehungen erbracht werden (§ 6 RDG), die Berufs-, Interessenvereinigungen oder Genossenschaften im Rahmen ihres satzungsmäßigen Aufgabenbereichs für ihre Mitglieder erbringen (§ 7 RDG), die öffentlich und öffentlich anerkannte Stellen im Rahmen ihres Aufgaben- und Zuständigkeitsbereichs erbringen (§ 8 RDG), die bei der zuständigen Behörde registrierte Personen aufgrund besonderer Sachkunde in bestimmten Bereichen erbringen (§ 10 RDG) (Jansen in: Haufe, Kommentierung zu § 13 SGB X). Nicht befugte Personen sind gem. § 13 Abs. 5 Satz 1 SGB X zurückzuweisen, sie können dann keine Verfahrenshandlungen mehr wirksam vornehmen. Die Zurückweisung ist auch dem Beteiligten mitzuteilen.

4 Weitere Verfahrensgrundsätze

4

Ausgeschlossene Personen; Befangenheit

Ausgeschlossene Personen, § 16 SGB X

§ 16 SGB X befasst sich mit Personen, die für die Behörde in einem Verwaltungsverfahren nicht tätig werden dürfen.

Mit ihm wird der Grundsatz festgelegt, dass das Verwaltungsverfahren gegenüber dem Betroffenen objektiv, sachlich und unparteiisch durchzuführen ist und solche Bediensteten hiervon auszuschließen sind, bei denen ein unsachgemäßes oder parteiisches Verhalten zu befürchten ist. Die Tatbestände des § 16 SGB X normieren eine unwiderlegbare gesetzliche Vermutung der Befangenheit. Sie sind von Amts wegen zu beachten.

Das ist verständlicherweise der/die Mitarbeiter/in in einer Behörde, der/die den eigenen Antrag nicht bearbeiten darf. Die Behörde darf ihre Entscheidungen nur nach Recht und Gesetz treffen. Zu vermeiden ist daher der Eindruck der „Vetternwirtschaft".

So darf auch nicht im Verhältnis von Ehegatten oder Verwandten entschieden werden. Ein Verstoß gegen § 16 SGB X führt jedoch zur Rechtswidrigkeit des Verwaltungshandelns und u. U. sogar zur Nichtigkeit.

Befangenheit, § 17 SGB X

Was ist Befangenheit?

Damit wird vor allem die psychologische Ebene der Beziehung eines Mitarbeiters oder einer Mitarbeiterin einer Behörde zu einem/einer Versicherten angesprochen. Es muss ein nachprüfbarer Grund vorliegen, der Zweifel an der unparteiischen Tätigkeit des Bediensteten wecken kann. Dies sind z. B. Freundschaft oder Feindschaft zu einem Beteiligten, wirtschaftliche oder sonstige persönliche Interessen des Bediensteten am Ergebnis des Verwaltungsverfahrens, oder die Art und Weise der Sachbehandlung. Hier kommen Voreingenommenheit, unsachliche Äußerungen oder die vorzeitige Festlegung auf ein bestimmtes Ergebnis in Frage.

Beispiel:

Gefühle der tieferen Freundschaft, der engen Kollegialität, aber auch der Anfeindung, ebenso nachbarschaftliche Streitigkeiten.

Im Einzelfall kann sich auch der/die Mitarbeiter/in subjektiv für befangen erklären.

Fazit:

Die Entscheidung, ob befangen oder nicht, trifft der Vorstand bzw. der Vorgesetzte. Zu berücksichtigen sind dabei immer alle Umstände.

Worin besteht der Unterschied zwischen § 16 SGB X und § 17 SGB X?

Während die Befangenheit pauschal im Gesetz umschrieben ist, werden die Gründe für den Ausschluss einer Person konkret aufgezählt.

Untersuchungsgrundsatz

Der Untersuchungsgrundsatz (§ 20 SGB X) gilt sowohl im Verwaltungsverfahren als auch im sozialgerichtlichen Prozess. Danach ermitteln auch die Behörden den Sachverhalt von Amts wegen. Die Behörde ist insbesondere nicht an das gebunden, was Versicherte vortragen. Art und Umfang der Beweismittel bestimmt sie selbst.

Die Behörde hat von Amts wegen alle notwendigen Ermittlungen zur Aufklärung des Sachverhaltes zu treffen, und zwar unabhängig davon, ob das Verwaltungsverfahren von Amts wegen oder nur auf Antrag einzuleiten ist (vgl. hierzu § 18 SGB X).

Die Ermittlungen sind auf die entscheidungserheblichen Umstände zu beschränken. Art und Umfang der Ermittlungen bestimmt die Behörde dabei nach pflichtgemäßem Ermessen; § 35 SGB I ist zu beachten. Es sind die Grundsätze der Erforderlichkeit, Geeignetheit und Verhältnismäßigkeit zu beachten.

Bei antragsabhängigen Leistungen sind die Ermittlungen nur so weit zu führen, wie dies der Antrag erfordert.

Der Sachverhalt ist ohne Einschränkungen durch den Vortrag der Beteiligten oder eventueller Beweisangebote zu ermitteln. Der Sachverhalt ist zugunsten des Betroffenen aufzuklären, auch wenn dieser seine Rechte nicht vollständig kennt. Ermittlungen sind nur dort notwendig, wo der Tatsachenvortrag für die Behörde nicht ausreichend ist oder sie Zweifel an der Richtigkeit der Aussagen hat. Die Behörde muss von der Vollständigkeit und der Richtigkeit der Tatsachen überzeugt sein.

Bei der Sachverhaltsermittlung ist § 60 SGB I zu berücksichtigen. Der Untersuchungsgrundsatz verpflichtet die Behörde nicht, die gesetzlich vorgesehene, aber fehlende Mitwirkung des Betroffenen durch verstärkte eigene Sachverhaltsaufklärung zu ersetzen.

Beweismittel, § 21 SGB X

Als Beweismittel kann die Behörde insbesondere:

- Auskünfte jeder Art einholen,
- Beteiligte, Zeugen und Sachverständige vernehmen,
- Urkunden und Akten beiziehen,
- den Augenschein einnehmen.

Nach § 21 Abs. 2 SGB X sollen die Beteiligten bei der Ermittlung des Sachverhaltes mitwirken. Die Behörde fordert die Beteiligten auf, ihnen bekannte Tatsachen und Beweismittel anzugeben. Aus dem Wort „sollen" ergibt sich, dass die Beteiligten nicht zur Mitwirkung gezwungen werden können. Die Beteiligten sind nicht verpflichtet, durch die Mitwirkung ihre Stellung am Verwaltungsverfahren zu verschlechtern bzw. sich durch ihre Mitwirkung selbst zu belasten. Eine solche Verpflichtung, wie auch die Pflichten zu persönlichem Erscheinen oder zur Aussage, besteht nach § 21 Abs. 2 Satz 3 SGB X nur dann, wenn dies durch eine besondere Rechtsvorschrift vorgesehen ist. In Betracht kommen hier die Mitwirkungspflichten nach § 60 SGB I.

Die Mitwirkung der Beteiligten ist nur dann geboten, wenn sie zur Sachverhaltsaufklärung erforderlich ist. Eine nach § 24 SGB X vorgeschriebene Anhörung hat auch dann stattzufinden, wenn der Sachverhalt nach Meinung der Behörde klar ist und kein weiteres Bedürfnis zur Sachaufklärung besteht.

Anhörung

Verpflichtende Vorgabe

Den Beteiligten ist vor Erlass eines belastenden Verwaltungsaktes Gelegenheit zu geben, sich zu den für die Entscheidung erheblichen Tatsachen zu äußern (§ 24 SGB X). Damit sollen sie rechtliches Gehör erhalten und vor überraschenden Entscheidungen geschützt werden. Der Beteiligte soll zudem die Gelegenheit erhalten, entscheidungserhebliche Tatsachen vorzubringen. Nach § 41 Abs. 1 Nr. 3, Abs. 2 SGB X kann die fehlende Anhörung bis zur letzten Tatsacheninstanz eines sozial- oder verwaltungsgerichtlichen Verfahrens nachgeholt werden.

Die Anhörungspflicht besteht nur, wenn in Rechte eines Beteiligten eingegriffen wird. Dies ist bei Entzug von Rechten (z. B. Aufhebung einer Bewilligung), Einschränkung von Rechten (z. B. Abzweigung,

Aufrechnung, Verrechnung), Auferlegung von Pflichten (z. B. Erstattung von Sozialleistungen, Verpflichtung des Trägers zur Entlassung des Heimleiters) und bei ungünstigen Ermessensentscheidungen der Fall. Die Ablehnung eines Erstantrages ist nach der Rechtsprechung des BSG kein Eingriff in ein Recht und es bedarf dabei nicht der vorherigen Anhörung.

Ausnahmsweise kann in den Fällen des §24 Abs. 2 SGB X von einer Anhörung abgesehen werden.

Form

Eine bestimmte Form ist gesetzlich nicht vorgeschrieben, es empfiehlt sich aus Beweisgründen jedoch, diese schriftlich durchzuführen oder bei mündlicher Anhörung darüber einen Aktenvermerk zu fertigen.

In der Anhörung müssen alle entscheidungsrelevanten Tatsachen benannt werden.

Frist für die Anhörung

Eine Frist zur Antwort ist gesetzlich nicht vorgeschrieben. Dem Beteiligten ist ausreichend Zeit für seine Äußerung zu geben. Eine zu kurze Frist beschneidet das Anhörungsrecht des Betroffenen und macht die Anhörung unwirksam.

Nach der herrschenden Rechtsprechung wird eine Mindestfrist von 14 Tagen als zwingend angesehen. Setzt die Behörde eine Frist, muss diese angemessen sein, d. h. der Betroffene muss sich ausreichend mit dem Thema vertraut machen und dazu Rat (z. B. von Arzt, Anwalt) einholen können. I. d. R. müssen zumindest zwei Wochen (BSGE 71, 104 ff.) zur Stellungnahme eingeräumt werden. Die Anhörung rechnet zur Vorbereitung des Verwaltungsaktes und stellt kein gesondertes Verfahren dar. Die Aufwendungen für die Vertretung durch einen Rechtsanwalt bei der Anhörung sind nicht zu erstatten (BSG SozR 3-1300 §63 Nr. 1).

Rechtsfolgen bei unterlassener Anhörung

Wurde eine erforderliche Anhörung unterlassen, ist der Verwaltungsakt rechtswidrig und damit aufhebbar. Aber gem. §41 Abs. 1 Nr. 3, Abs. 2 SGB X kann die Anhörung bis zur letzten Tatsacheninstanz eines sozial- oder verwaltungsgerichtlichen Verfahrens (i. d. R. Berufung) nachgeholt werden.

Beispiel für eine Anhörung zu einem beabsichtigten Verwaltungsakt

Anhörung zu einem beabsichtigten Verwaltungsakt

Datum/Zeichen
- Telefon (-Durchwahl)
- Ihr(e) Gesprächspartner(in)
- Fall-Nr.
- Betreff

4

Sehr geehrte(r)

wir beabsichtigen

Gründe

Bevor dieser Verwaltungsakt erlassen wird, steht Ihnen nach § 24 Abs. 1 des Sozialgesetzbuches X das Recht zu, sich zu den für die Entscheidung erheblichen Tatsachen zu äußern.

Hierzu möchten wir Ihnen Gelegenheit geben und Sie bitten, dafür die Rückseite dieses Schreibens zu verwenden. Die beiliegende Durchschrift unseres Schreibens ist für Ihre Unterlagen bestimmt.

Um die Übersendung Ihrer Antwort bitten wir bis

Sollte uns bis dahin Ihre Rückäußerung nicht vorliegen, nehmen wir an, dass Sie darauf verzichten wollen. Wir werden dann den beabsichtigten Verwaltungsakt erlassen.

Mit freundlichen Grüßen

Beispiel für eine Stellungnahme zu einem beabsichtigten Verwaltungsakt

Sehr geehrte Damen und Herren,

zu dem beabsichtigten Verwaltungsakt äußere ich mich wie folgt:

oder

zu dem beabsichtigten Verwaltungsakt verzichte ich auf eine Stellungnahme.

Datum

Unterschrift

Akteneinsicht

Akteneinsicht (§ 25 SGB X) ist die Möglichkeit, den Inhalt von Akten einer Behörde unmittelbar kennen zu lernen. Im Verwaltungsverfahren haben die Beteiligten Anspruch auf Einsicht in die das Verfahren betreffenden Akten, soweit deren Kenntnis zur Geltendmachung oder Verteidigung ihrer rechtlichen Interessen erforderlich ist.

Die Behörde ist nicht verpflichtet, Abschriften und Ablichtungen aus den Akten selbst zu fertigen. Insbesondere besteht kein Anspruch des Beteiligten, ihm die Akten in Kopie zu übersenden, um ihm die Einsicht in die Originalakten zu ersparen. Die Behörde hat über die Anfertigung von Ablichtungen jedoch nach pflichtgemäßem Ermessen zu entscheiden. Befinden sich Fotokopiergeräte in der Behörde, ist es in der Regel ermessensfehlerhaft, dem Beteiligten die Anfertigung von Ablichtungen gegen Kostenerstattung zu versagen. Denn wegen der häufig langen Dauer der Verfahren ist es für ihn erforderlich, die in den Akten enthaltenen Informationen nicht nur zu lesen, sondern auch zu speichern. Andernfalls würde dem Beteiligten die Verfolgung seiner Rechte ohne triftigen Grund erschwert.

Anfertigung von Fotokopien

Zum Recht der Anfertigung von Kopien bei der Akteneinsicht allgemein:

Das Verwaltungsrecht argumentiert in Fällen wie diesen so: Man kann sich von einem Anwalt vertreten lassen. Der Anwalt hat das Recht, Verwaltungsakten in seine Kanzlei zu holen, wo er sie natürlich beliebig kopieren kann. Der Rechtssuchende, der anwaltlich vertreten ist, kann also Kopien erhalten. Da aber im Vorverfahren keine Anwaltspflicht herrscht, darf der anwaltlich nicht vertretene Rechtssuchende, der die Akten nicht ausleihen darf, nicht benachteiligt werden. Außerdem muss die Behörde die Akten spätestens in einem Verwaltungsstreitverfahren sowieso dem Gericht vorlegen, wo sie die Gegenpartei dann kopieren kann – sofern sich die Behörde nicht auf deren Geheimhaltungspflicht berufen kann.

Zur Kostenerstattung: Ob und ggf. in welchem „angemessenen" Umfang Ersatz der Aufwendungen zu verlangen ist, richtet sich nach den persönlichen Verhältnissen des Beteiligten.

Als Anhaltspunkt kann das Gerichtskostengesetz (GKG) Anlage 1 Nr. 9000 dienen, wonach die Pauschale für die Herstellung und Überlassung von Dokumenten für die ersten 50 Seiten je Seite 0,50 Euro und für jede weitere Seite 0,15 Euro beträgt, für die Überlassung elektronisch gespeicherter Dateien je Datei 1,50 Euro. Nach GKG Anlage 1 Nr. 9003 beträgt die Pauschale für die Versendung von Akten auf Antrag je Sendung 12 Euro und nach Anlage 1 Nr. 9000 für die elektronische Übermittlung einer elektronisch geführten Akte 5 Euro.

§ 25 SGB X gilt für die Akteneinsicht im Verwaltungsverfahren. Für Akteneinsicht im gerichtlichen Verfahren gelten § 120 SGG bzw. § 100 VwGO.

Fristen, Termine, Wiedereinsetzung

§ 26 SGB X regelt das Verfahren zur Berechnung von Fristen und für die Bestimmung von Terminen im Verwaltungsverfahren. § 26 Abs. 1 SGB X verweist grundsätzlich auf die Bestimmungen der §§ 187 bis 193 BGB, diese werden jedoch in § 26 Abs. 2 bis 7 SGB X modifiziert.

§ 26 bestimmt nicht, wann eine Frist gesetzt werden darf bzw. ein Termin bestimmt werden kann, wie lange eine Frist sein muss und unter welchen Voraussetzungen sie zu laufen beginnt. Dies regeln die jeweiligen Spezialgesetze. Die Fristsetzung ist kein eigenständiger Verwaltungsakt, sondern eine Nebenbestimmung im Sinne des § 32 SGB X.

Eine Frist ist ein genau bestimmter oder bestimmbarer Zeitraum, der durch einen Anfangs- oder Endzeitpunkt abgegrenzt wird. Sie kann grundsätzlich in Stunden, Tagen, Wochen oder Monaten bemessen werden, im Einzelfall ergibt sich dies aus den Spezialgesetzen.

Termine sind Zeitpunkte, die im Voraus gesetzt werden. Im Gegensatz zur Frist ist für die Einhaltung eines Termins nicht der Ablauf des Zeitraums, sondern der Eintritt des Zeitpunktes (Ablauf eines Datums, Eintritt eines Ergebnisses) maßgeblich.

Fristen und Termine können gesetzt werden, soweit dies eine gesetzliche Vorschrift zulässt oder vorschreibt. Ist eine Fristsetzung nicht verboten, kann eine Behörde auch nach pflichtgemäßem Ermessen Fristen und Termine bestimmen. Die Frist muss angemessen sein, um dem Betroffenen das verlangte Handeln zu ermöglichen. Eine zu kurze Frist (z. B. nach Stunden oder wenigen Tagen – ausgenommen bei Gefahr im Verzuge), die dem Betroffenen keinen angemessenen Handlungsspielraum lässt, ist rechtswidrig.

Wiedereinsetzung in den vorherigen Stand

Wiedereinsetzung in den vorherigen Stand ist zu gewähren, wenn der Betroffene ohne Verschulden daran gehindert war, eine gesetzliche Frist einzuhalten (§ 27 Abs. 1 Satz 1 SGB X). Der Betroffene wird dann so behandelt, als habe er die Frist eingehalten. Zur Berechnung von Fristen siehe § 26 SGB X i. V. m. §§ 187–193 BGB.

Die Wiedereinsetzung kommt bei Verfahrensfristen und materiellrechtlichen Fristen in Betracht, nicht hingegen bei Ausschlussfristen (nicht verlängerbar).

Ein Verschulden an dem Fristversäumnis liegt vor, wenn der Betroffene die erforderliche Sorgfalt zur Fristeinhaltung nicht beachtet hat. Arbeitsüberlastung oder Krankheit, wenn die Möglichkeit der Beauftragung eines Dritten bestand, schließen ein Verschulden nicht aus. Hingegen ist Verschulden ausgeschlossen bei Urlaubsabwesenheit bis zu 6 Wochen ohne besondere Vorkehrungen getroffen zu haben, ferner bei Zustellung an den Ehegatten, der das Schriftstück nicht weitergab, es sei denn, der Betroffene rechnete mit der Zustellung und stellte keine Nachforschungen an (BSG SozR Nr. 35 zu § 67 SGG).

Die Wiedereinsetzung in den vorherigen Stand hat folgende Voraussetzungen:

1. Antrag auf Wiedereinsetzung grundsätzlich notwendig; ausnahmsweise kann Wiedereinsetzung durch die Behörde auch ohne Antrag gewährt werden (Ermessen), wenn die versäumte Rechtshandlung nachgeholt wurde (§ 27 Abs. 2 Satz 4 SGB X).
2. Wiedereinsetzungsfrist: binnen 2 Wochen nach Wegfall des Hindernisses (§ 27 Abs. 2 Satz 1 SGB X), ist Ausschlussfrist.
3. Glaubhaftmachung der begründenden Tatsachen (§ 27 Abs. 2 Satz 2 SGB X). Dies kann durch Versicherung an Eides statt erfolgen (§ 23 SGB X). Schlichte Erklärung des Betroffenen kann u. U. ausreichen (vgl. BVerfG 26, 320).
4. Nachholung der versäumten Rechtshandlung binnen der Frist (§ 27 Abs. 2 Satz 3 SGB X).
5. kein Ausschluss: Ablauf eines Jahres (§ 27 Abs. 3 SGB X), Ausnahme: höhere Gewalt (z. B. Krieg, Naturkatastrophe, schwerer Unfall, aber auch fehlerhafte Auskunft der Behörde) (vgl. BFHE 129, 1).

Zuständig für die Wiedereinsetzung in den vorherigen Stand ist die Behörde, die über die versäumte Handlung zu entscheiden hatte (§ 27 Abs. 4 SGB X).

Neben der Wiedereinsetzung in den vorherigen Stand kommt bei Rechtsbehelfen ein sozialrechtlicher Herstellungsanspruch mit dem Ziel, so gestellt zu werden, wie wenn die Handlung rechtzeitig erfolgt wäre, nicht in Betracht (BSG, Urt. v. 10.07.2003 – B 11 AL 11/03 R).

Amtliche Beglaubigung

Eine amtliche Beglaubigung (§§ 29, 30 SGB X) ist die Beglaubigung von Urkunden deutscher Behörden oder von Urkunden zur Vorlage bei deutschen Behörden, nichtbehördliche und ausländische Urkunden für private Zwecke können von Notaren beglaubigt werden.

Für die Beglaubigung muss das Original vorgelegt werden.

Die amtliche Beglaubigung muss mindestens enthalten:

- Beglaubigungsvermerk: Damit wird bescheinigt, dass die Kopie mit dem Original übereinstimmt.
- Unterschrift des Beglaubigenden
- Abdruck eines Dienstsiegels; ein Dienstsiegel enthält in der Regel ein Emblem. Ein einfacher Schriftstempel genügt nicht.

Amtshilfe

Jede Behörde leistet anderen Behörden auf Ersuchen ergänzend Hilfe (Amtshilfe) gemäß § 3 SGB X. Die Amtshilfe wird zwischen Behörden im Gleichordnungsverhältnis geleistet. Sie betrifft nur die Hilfe im Rahmen öffentlich-rechtlicher Verwaltungstätigkeit, die zwar nicht auf einen Verwaltungsakt beschränkt ist, aber den fiskalischen Bereich einer Behörde nicht erfasst.

Eine ins Einzelne gehende Definition des Begriffs der Amtshilfe enthält das Gesetz nicht. Amtshilfe ist eine ergänzende Hilfe, die gleich- oder nebengeordnete Verwaltungsbehörden zur Erfüllung öffentlicher Aufgaben (im privatrechtlichen und fiskalischen Bereich gibt es keine Amtshilfe) einander auf Ersuchen gewähren, soweit die Hilfeleistung nicht in Handlungen besteht, die der ersuchten Behörde als eigene Aufgaben obliegen (vgl. § 3 Abs. 2 Nr. 2 SGB X). Unter Ersuchen ist dabei die an eine andere Behörde gerichtete Aufforderung zu verstehen, der ersuchenden Behörde in bestimmter Weise bei der Erfüllung ihrer Aufgaben zu helfen. Das Verfahren als Ganzes darf dabei nicht auf die ersuchte Behörde übergehen.

Die ersuchende Behörde muss stets Herrin des Verfahrens bleiben. Ergänzende Hilfe bedeutet, dass sich die von der ersuchten Behörde zu treffenden Maßnahmen auf einzelne Verfahrenshandlungen beschränken, z. B. die Erteilung von Auskünften, die Erstellung von Gutachten, die Durchführung von Ermittlungen, die Vernehmung von Zeugen, die Bereitstellung von Personal und Räumlichkeiten; eine vollständige Übernahme der Verwaltungsaufgabe wird von § 3 SGB X nicht erfasst (OVG Sachsen-Anhalt, Beschl. v. 30.04.2015 – 4 M 41/15). Eine ergänzende Hilfe liegt auch nicht vor, wenn die Handlung, um die ersucht worden war, dem originären Pflichtenkreis der ersuchten Behörde zuzurechnen ist oder wenn die ersuchte Behörde gesetzlich zur Mitwirkung verpflichtet ist.

Bei Amtshilfeersuchen von Behörden, die nicht Leistungsträger nach dem SGB sind, ergeben sich gegenüber dem Amtshilferecht nach dem VwVfG – trotz übereinstimmenden Wortlauts – grundlegende Unterschiede wegen der Bestimmungen in § 35 SGB I i. V. m. §§ 67 bis 78 SGB X.

Nach § 35 Abs. 1 SGB I hat grundsätzlich jeder Anspruch darauf, dass Einzelangaben über personenbezogene Daten als Sozialgeheimnis gewahrt und nicht Unbefugten offenbart werden. Wann die Befugnis zur Offenbarung zulässig ist, ergibt sich aus den §§ 67 bis 78 SGB X. Insoweit bewegt sich die Amtshilfe nur in den Grenzen des Sozialdatenschutzes.

Innerhalb der Sozialversicherung ist der zur Erfüllung der gesetzlichen Aufgaben erforderliche Datenaustausch nach Maßgabe von § 69 SGB X grundsätzlich erlaubt. Besonders schutzwürdige Daten i. S. d. § 76 SGB X unterliegen jedoch derselben Geheimhaltungspflicht wie das Arztgeheimnis (Jansen in: Haufe, § 3 SGB X).

5 Zustandekommen des Verwaltungsaktes

Definition des Verwaltungsaktes

Ein Verwaltungsakt ist nach §31 SGB X durch folgende Merkmale definiert:

- z. B. Verfügung, Entscheidung, hoheitliche Maßnahme
- einer Verwaltungsbehörde
- zur Regelung eines Einzelfalls
- im Bereich des öffentlichen Rechts
- mit unmittelbarer Rechtswirkung nach außen

Definition der Merkmale:

5

Hoheitliche Maßnahme

Eine in einem öffentlich-rechtlichen Verhältnis ergangene zweckgerichtete Maßnahme.

Eine Behörde im Sinne des SGB X ist jede Stelle, die Aufgaben der öffentlichen Verwaltung wahrnimmt. Damit ist eine öffentlich-rechtliche Verwaltungstätigkeit angesprochen, welche nach dem SGB ausgeübt wird. Eine Übersicht darüber geben die §§ 18 bis 29 SGB I, (siehe hierzu ausführlich die Arbeitshilfe „Grundlagen SGB I", Walhalla Fachverlag, ISBN 978-308029-7222-5).

Hierunter fällt nicht das sog. schlichte hoheitliche Verwaltungshandeln (privatrechtliches Handeln der Behörde) und die Verfolgung und Ahndung von Ordnungswidrigkeiten. Hier gilt das Ordnungswidrigkeitengesetz (OWiG).

Regelung eines Einzelfalls

Keine generelle Regelung durch Rechtsnorm, sondern Regelung eines konkreten Sachverhalts

Gebiet des öffentlichen Rechts

Gebiet des Verwaltungsrechts, also auch des Sozialrechts

Unmittelbare Wirkung nach außen

Maßnahme, die auf unmittelbare Begründung, Änderung oder Klarstellung einer konkreten Rechtslage zielt und keine behördeninterne Maßnahme darstellt.

Arten der Verwaltungsakte

Aus der Sicht des Betroffenen können Verwaltungsakte entweder

- belastender Art = rechtliche Nachteile für den Betroffenen oder
- begünstigender Art = rechtliche Vorteile für den Betroffenen

sein.

Besondere Arten von Verwaltungsakten:

- Verwaltungsakte mit Doppelwirkung: teils begünstigend, teils belastend
- Verwaltungsakte mit Drittwirkung: begünstigend (belastende Wirkung für andere Personen)
- Verwaltungsakte mit Dauerwirkung: dauernde Rechtsfolgen, auf Dauer angelegtes Rechtsverhältnis (z. B. Pflegegeld)

Bekanntgabe des Verwaltungsaktes

Ein Verwaltungsakt ist demjenigen Beteiligten bekannt zu geben, für den er bestimmt ist oder der von ihm betroffen wird. Ist ein Bevollmächtigter bestellt, kann die Bekanntgabe ihm gegenüber vorgenommen werden.

Ein schriftlicher Verwaltungsakt, der im Inland durch die Post übermittelt wird, gilt am vierten Tag nach der Aufgabe zur Post als bekannt gegeben. Ein Verwaltungsakt, der im Inland oder Ausland elektronisch übermittelt wird, gilt am vierten Tag nach der Absendung als bekannt gegeben. Dies gilt nicht, wenn der Verwaltungsakt nicht oder zu einem späteren Zeitpunkt zugegangen ist; im Zweifel hat die Behörde den Zugang des Verwaltungsaktes und den Zeitpunkt des Zugangs nachzuweisen.

Mit Einwilligung des Beteiligten können elektronische Verwaltungsakte bekannt gegeben werden, indem sie dem Beteiligten zum Abruf über öffentlich zugängliche Netze bereitgestellt werden. Die Einwilligung kann jederzeit mit Wirkung für die Zukunft widerrufen werden. Die Behörde hat zu gewährleisten, dass der Abruf nur nach Authentifizierung der berechtigten Person möglich ist und der elektronische Verwaltungsakt von ihr gespeichert werden kann. Ein zum Abruf bereitgestellter Verwaltungsakt gilt am vierten Tag nach Absendung der elektronischen Benachrichtigung über die Bereitstellung des Verwaltungsaktes an die abrufberechtigte Person als bekannt gegeben. Im

Zweifel hat die Behörde den Zugang der Benachrichtigung nachzuweisen. Kann die Behörde den von der abrufberechtigten Person bestrittenen Zugang der Benachrichtigung nicht nachweisen, gilt der Verwaltungsakt an dem Tag als bekannt gegeben, an dem die abrufberechtigte Person den Verwaltungsakt abgerufen hat. Das Gleiche gilt, wenn die abrufberechtigte Person unwiderlegbar vorträgt, die Benachrichtigung nicht innerhalb von drei Tagen nach der Absendung erhalten zu haben. Die Möglichkeit einer erneuten Bereitstellung zum Abruf oder der Bekanntgabe auf andere Weise bleibt unberührt.

Bestimmtheit, § 33 Abs. 1 SGB X

Der Verwaltungsakt muss in jedem Fall inhaltlich hinreichend bestimmt sein, d. h., die getroffene Regelung muss für die Betroffenen so vollständig, klar und unzweideutig sein, dass sie ihr Verhalten danach richten können.

Der Grundsatz der Bestimmtheit bezieht sich nicht nur auf schriftliche [und elektronische], sondern auch auf mündliche Verwaltungsakte. Bestimmtheit bedeutet, dass der Verwaltungsakt in seinem verfügenden Teil erkennen lassen muss, was verbindlich auferlegt, versagt oder zugebilligt worden ist. Der Verwaltungsakt muss weiter erkennen lassen, welcher Träger die Regelung erlassen hat und wer ihr Adressat ist. Der Verwaltungsakt muss nach seinem Inhalt für eine evtl. zwangsweise Durchsetzung geeignet sein. Unklarheiten gehen zulasten der erlassenden Stelle.

Verstöße gegen den Bestimmtheitsgrundsatz machen den Verwaltungsakt rechtswidrig, unter Umständen sogar nichtig nach § 40 Abs. 1 SGB X. Eine nachträgliche Heilung des Mangels ist in § 41 SGB X nicht vorgesehen. Dem Bestimmtheitsgrundsatz ist z. B. nicht genügt bei der Anordnung eines technischen Aufsichtsbeamten, eine Maschine , „unfallsicher" zu gestalten. Hier wäre anzugeben, wie dies im Einzelnen zu geschehen hat.

Fehlt es an der hinreichenden Bestimmtheit, so ist der Verwaltungsakt rechtswidrig und aufhebbar.

Form, § 33 Abs. 2 SGB X

Ein Verwaltungsakt kann schriftlich, elektronisch, mündlich oder in anderer Weise erlassen werden. Ein mündlicher Verwaltungsakt ist schriftlich oder elektronisch zu bestätigen, wenn hieran ein berechtigtes Interesse besteht und der Betroffene dies unverzüglich verlangt.

Das heißt, es ist für den Verwaltungsakt keine bestimmte Form vorgeschrieben, sofern keine spezielleren Vorschriften eine bestimmte Form anordnen, wie z. B. § 50 Abs. 3 SGB X („Die zu erstattende Leistung ist durch schriftlichen Verwaltungsakt festzusetzen.").

Beispiel für Verwaltungsakte „in anderer Weise":

Ein Verwaltungsakt „in anderer Weise" entspricht dem tatsächlichen Handeln einer Behörde. Das ist dann gegeben, wenn etwa die Krankenkasse das Krankengeld auf das Konto des Versicherten überweist, ohne einen schriftlichen Bescheid zu erteilen.

Unterschrift, § 33 Abs. 3 SGB X

Ein Verwaltungsakt in schriftlicher oder elektronischer Form muss eindeutig erkennen lassen, welche Behörde ihn erlassen hat. Außerdem muss er die Unterschrift oder den Namen des Leiters der Behörde, seines Vertreters oder eines Beauftragten enthalten. Wird für einen Verwaltungsakt, bei dem die schriftliche Form gesetzlich vorgeschrieben ist, die elektronische Form genutzt, so ist zusätzlich erforderlich, dass die Signatur auf dem verwendeten qualifizierten Zertifikat oder einem zugehörigen qualifizierten Attributzertifikat die erlassende Behörde deutlich erkennbar macht.

Wichtig: Die Vorschrift sieht für Verwaltungsakte, die mithilfe automatischer Einrichtungen erlassen werden, eine Ausnahme vom Formerfordernis der Unterschrift oder Namenswiedergabe vor.

Bei einem Verwaltungsakt, der mithilfe automatischer Einrichtungen erlassen wird, können abweichend von § 33 Abs. 3 SGB X Unterschrift und Namenswiedergabe fehlen; bei einem elektronischen Verwaltungsakt muss auch das der Signatur zugrunde liegende Zertifikat nur die erlassende Behörde erkennen lassen. Zur Inhaltsangabe können Schlüsselzeichen verwendet werden, wenn derjenige, für den der Verwaltungsakt bestimmt ist oder der von ihm betroffen wird, aufgrund der dazu gegebenen Erläuterungen den Inhalt des Verwaltungsaktes eindeutig erkennen kann, vgl. hierzu § 33 Abs. 5 SGB X.

Rechtsbehelfsbelehrung, § 36 SGB X

Welche Rechtsbehelfe gibt es?

Man unterscheidet Rechtsbehelfe im engeren Sinne und im weiteren Sinne.

Zu den Rechtsbehelfen im engeren Sinne werden Widersprüche und Klagen gezählt. Rechtsbehelfe im weiteren Sinne sind Berufungen gegen die Urteile des Sozialgerichts und Beschwerden beim Landessozialgericht und die Revision beim Bundessozialgericht.

§ 36 SGB X enthält die Mindestanforderungen an eine Rechtsbehelfsbelehrung. Eine Rechtsbehelfsbelehrung ist eine gerichtliche oder behördliche Belehrung über fristgemäß einzureichende Rechtsbehelfe.

Sie ist insbesondere vorgeschrieben bei:

- Haftbefehlen,
- Verwaltungsakten,
- Widerspruchsbescheiden.

Beachte: Fehlt eine Rechtsbehelfsbelehrung, so kann der Betroffene binnen eines Jahres nach Bekanntgabe mit einem Rechtsbehelf vorgehen (§ 66 Abs. 2 SGG). Eine fehlende Rechtsbehelfsbelehrung macht den Verwaltungsakt nicht nichtig!

Beispiel einer Rechtsbehelfsbelehrung:

Gegen diesen Bescheid kann innerhalb eines Monats nach seiner Bekanntgabe Widerspruch erhoben werden. Der Widerspruch ist schriftlich, elektronisch nach § 36a Abs. 2 SGB I, schriftformersetzend nach § 36a Abs. 2a SGB I und § 9a Absatz 5 des Onlinezugangsgesetzes oder zur Niederschrift bei der Krankenkasse/Pflegekasse (vollständiger Name und vollständige Adresse) einzulegen.

Es ist noch nicht abschließend geklärt, ob die Rechtsbehelfsbelehrung unrichtig ist, wenn der Hinweis auf die elektronische Form nach § 36a Abs. 2 SGB I bzw. die schriftformersetzende Form nach § 36a Abs. 2a SGB I und § 9a Absatz 5 des Onlinezugangsgesetzes fehlt. Ebenso ist nicht geklärt, ob der Versicherte so verstehen kann, in welcher Form er nun Widerspruch einlegen kann, oder ob die Belehrung den Versicherten in die Irre führt und zu überfrachtet ist.

Zwar hat sich das Bundesverwaltungsgericht mit Urteil vom 25.01.2021 (Az. 9 C 8.19) mit dieser Thematik beschäftigt und festgestellt, dass eine Rechtsbehelfsbelehrung, die nicht explizit auf die Möglichkeit der elektronischen Einreichung eines Rechtsbehelfs hinweist, nicht automatisch als unrichtig gilt. Die Übermittlung eines elektronischen Dokuments genüge dem Schriftformerfordernis, ohne dass eine eigenständige elektronische Form geschaffen werde. Daher sei der Hinweis auf die elektronische Form in der Belehrung nach § 36a Abs. 2 SGB I bzw. in den entsprechenden Vorschriften nicht zwingend erforderlich.

Das Bundesverwaltungsgericht hat auch erklärt, dass die Rechtsbehelfsbelehrung aus Sicht des objektiven Empfängers so zu verstehen ist, dass die Form „schriftlich" auch die elektronische Übermittlung einschließt. Damit sei eine Irreführung der Versicherte oder eine Überfrachtung der Belehrung durch das Fehlen dieses Hinweises nicht anzunehmen.

Die Rechtsprechung sieht diese Problematik bislang (noch) differenziert, wobei die aktuelle Tendenz lautet, dass keine Irreführung vorliegt, auch wenn der elektronische Hinweis fehlt.

5

Fehlerhafte Verwaltungsakte und deren Folgen

Ein Fehler in diesem Zusammenhang ist Rechtsverstoß beim Zustandekommen des Verwaltungsaktes durch unrichtige Rechtsanwendung.

Die Folge des Fehlers ist die Rechtswidrigkeit des Verwaltungsaktes. Es wird zwischen der schlichten und der groben Rechtswidrigkeit unterschieden:

- Die Rechtsfolge einer schlichten Rechtswidrigkeit ist, dass der Verwaltungsakt trotz Fehler wirksam bleibt und mit Ablauf der Widerspruchsfrist rechtliche Bindungswirkung (Bestandskraft) erlangt (§§ 37, 39 SGB X, § 77 SGG).
- Bei grober Rechtswidrigkeit (besonders schwerwiegender Fehler) ist der Verwaltungsakt nichtig, er ist von Anfang an unwirksam und entfaltet keine Rechtswirkung. Solche groben Fehler können vorliegen, wenn etwa gesetzlich zwingende Verfahrensvorschriften (wie Anhörungspflichten oder Fristsetzungen) nicht beachtet werden, der Bescheid inhaltlich gegen klar zwingendes Recht verstößt oder auch die unzuständige Behörde über die Gewährung von Leistungen entscheidet.

Beispiele:

Schlichte Rechtswidrigkeit:
Eine fehlende oder unzureichende Rechtsbehelfsbelehrung führt nicht zur Nichtigkeit oder Unwirksamkeit des Verwaltungsaktes, sondern bewirkt, dass sich die Frist zur Einlegung des Rechtsbehelfs

(z. B. Widerspruch oder Klage) von einem Monat auf ein Jahr verlängert (§ 66 Abs. 2 SGG).

Ein Sozialhilfebescheid wird erlassen, ohne ein geringfügiges Einkommen des Antragstellers zu berücksichtigen. Der Bescheid ist zwar rechtswidrig, da er fehlerhaft angewendet wurde, aber er ist wirksam. Der Bescheid bleibt gültig, solange der Betroffene nicht innerhalb der Widerspruchsfrist handelt. Mit dem Ablauf der Frist wird der Bescheid bestandskräftig.

Grobe Rechtswidrigkeit:

Eine Behörde stellt einem schwerbehinderten jungen Erwachsenen Eingliederungshilfe für berufliche Integration bereit, begrenzt diese Leistung jedoch ohne sachlichen Grund auf eine ungewöhnlich kurze Befristung von nur drei Monaten; es wird auch keine nachvollziehbare Begründung für die zeitliche Leistungsbegrenzung gegeben. Dies stellt einen groben Verstoß dar, weil die Leistungspflicht der Behörde ohne stichhaltige Rechtsgrundlage willkürlich eingeschränkt wird und die unsachgemäße Befristung die Rechte des Leistungsberechtigten gravierend verletzt. Ein solcher Bescheid ist von Anfang an nichtig.

Aufhebung von Verwaltungsakten

Die Aufhebung eines Verwaltungsaktes, die notwendig sein kann, um materielle Gerechtigkeit herzustellen, steht naturgemäß im Spannungsverhältnis zur Rechtssicherheit, die durch die Bindungswirkung eines Verwaltungsaktes angestrebt wird. Die Vorschriften zur Aufhebung in den §§ 44 ff. SGB X sind das Ergebnis eines sorgfältigen Abwägens gesetzgeberischer Interessen zwischen den Betroffenen.

Die Voraussetzungen für die Aufhebung richten sich im Wesentlichen danach, ob der Verwaltungsakt inhaltlich rechtmäßig oder rechtswidrig ist, ob er begünstigend oder belastend wirkt, und ob er eine einmalige oder dauerhafte Wirkung entfaltet.

Ein wirksamer Verwaltungsakt kann unter bestimmten Umständen aufgehoben werden

- Rücknahme des rechtswidrigen Verwaltungsaktes (hier wird unterschieden zwischen nicht begünstigenden Verwaltungsakten nach § 44 SGB X und begünstigenden Verwaltungsakten nach § 45 SGB X)

- Widerruf des rechtmäßigen Verwaltungsaktes (dies wird geregelt in § 46 SGB X für den nicht begünstigenden Verwaltungsakt und in § 47 SGB X für den begünstigenden Verwaltungsakt)
- Aufhebung des Verwaltungsaktes wegen Änderung der Verhältnisse (betrifft nur Verwaltungsakte mit Dauerwirkung nach § 48 SGB X)

Anmerkung: Der Begriff Aufhebung als Oberbegriff umfasst sowohl die Rücknahme als auch den Widerruf. Während die Rücknahme begrifflich nur die Aufhebung rechtswidriger Verwaltungsakte erfasst, betrifft der Widerruf demgegenüber nur die Aufhebung rechtmäßiger Verwaltungsakte.

Da infolge des Grundsatzes der Gesetzmäßigkeit der Verwaltung der Aufhebung rechtswidriger Verwaltungsakte regelmäßig eine größere Gewichtung zukommt als der Aufhebung rechtmäßiger Verwaltungsakte, nehmen die Rücknahmevorschriften (§§ 44, 45 SGB X) neben dem Sondertatbestand des § 48 SGB X in der Praxis eine zentrale Stellung ein, denen gegenüber die Vorschriften über den Widerruf rechtmäßiger Verwaltungsakte (§§ 46, 47 SGB X) in ihrer Bedeutung zurücktreten.

Rücknahme von Bescheiden

In Sozialgerichtsverfahren unterliegen Behörden gelegentlich, wenn es um Fälle geht, in denen die Behörde einen an den Bürger gerichteten Bescheid zurückgenommen hat. Die Ursache ist regelmäßig darin zu sehen, dass die einschlägigen Rücknahmevorschriften des SGB X nicht richtig angewandt worden sind bzw. eine solche Anwendung durch die Krankenkassen/Pflegekassen in deren Bescheiden nicht erkennbar gewesen ist. Dies ist im Einzelfall unbefriedigend, da derartige Verfahren vor den Sozialgerichten bei richtiger Benennung und Anwendung der einschlägigen Vorschriften in der Sache zugunsten der Krankenkassen/Pflegekassen entschieden worden wären.

Betroffen sind vor allem Leistungs- und Feststellungsbescheide, die einen Leistungsanspruch einmalig oder auf Dauer gewähren, die Höhe der Leistung, die Beitragsfreiheit oder die Beitragshöhe feststellen und die Behörde sich objektiv zugunsten des Leistungsberechtigten geirrt hat.

Wenn Leistungen zu Unrecht von der Krankenkasse/Pflegekasse gewährt werden oder Beiträge zu Unrecht nicht erhoben werden, muss die Krankenkasse/Pflegekasse prüfen, ob und wie der Bescheid aufgehoben werden kann oder muss und von welchem Zeitpunkt an die Rücknahme/Aufhebung erfolgen kann oder muss.

Wichtig: Bei allen Rücknahme- bzw. Aufhebungstatbeständen muss die richtige Rechtsgrundlage zugrunde gelegt werden.

Ist aufgrund der Rechtsvorschrift der Behörde ein Ermessen eingeräumt (in der Regel bei „kann"- oder „darf"-Formulierungen im Gesetzeswortlaut wie z. B. § 45 SGB X), muss dieses im Bescheid erkennbar ausgeübt werden, d. h. es sind keine Leerformeln zu verwenden, sondern alle Umstände des Einzelfalls anzuführen und gegeneinander abzuwägen: Was spricht für oder gegen die Interessen des Versicherten (insbesondere Vertrauensschutz) – was spricht für oder gegen die Interessen der Behörde (insbesondere Aufrechterhaltung der Gesetzmäßigkeit der Verwaltung oder Schutz der Solidargemeinschaft der Versicherten und deren Gleichbehandlung).

Ist aufgrund der Rechtsvorschrift der Behörde ein Ermessen eingeräumt (in der Regel bei „kann"- oder „darf"-Formulierungen im Gesetzeswortlaut wie z. B. § 45 SGB X), muss dieses im Bescheid erkennbar ausgeübt werden, d. h. es sind keine Leerformeln zu verwenden, sondern alle Umstände des Einzelfalls anzuführen und gegeneinander abzuwägen: Was spricht für oder gegen die Interessen des Versicherten (insbesondere Vertrauensschutz) – was spricht für oder gegen die Interessen der Behörde (insbesondere Aufrechterhaltung der Gesetzmäßigkeit der Verwaltung oder Schutz der Solidargemeinschaft der Versicherten und deren Gleichbehandlung).

Ist aufgrund der Rechtsvorschrift eine zwingende Entscheidung vorgegeben (in der Regel bei „muss"- oder „soll"-Formulierungen), entfällt eine Interessensabwägung. Erforderlich ist dann aber die genaue Subsumtion des Sachverhalts unter den einschlägigen Gesetzeswortlaut, z. B. bei § 48 Abs. 1 Satz 1 SGB X die genaue Angabe, worin eine wesentliche Änderung der tatsächlichen Verhältnisse liegt.

Der folgende Text soll einen Überblick verschaffen und als Erleichterung bei der Erstellung eines Rücknahme-/Aufhebungsbescheides fungieren.

Erweist sich ein Verwaltungsakt als rechtswidrig, dann ist hinsichtlich der Rechtsfolgen zu unterscheiden, ob es sich um einen Verwaltungsakt mit oder ohne Dauerwirkung handelt.

Verwaltungsakt ohne Dauerwirkung

Bei einem Verwaltungsakt ohne Dauerwirkung ist eine Rücknahme ausschließlich nach den §§ 44, 45 SGB X möglich.

§ 44 SGB X befasst sich mit der Rücknahme von rechtswidrigen nicht begünstigenden Verwaltungsakten.

Soweit sich im Einzelfall ergibt, dass bei Erlass eines Verwaltungsaktes das Recht unrichtig angewandt oder von einem Sachverhalt ausgegangen worden ist, der sich als unrichtig erweist, und soweit deshalb Sozialleistungen zu Unrecht nicht erbracht oder Beiträge zu Unrecht erhoben worden sind, ist der Verwaltungsakt, auch nachdem er unanfechtbar geworden ist, mit Wirkung für die Vergangenheit zurückzunehmen. Dies gilt nicht, wenn der Verwaltungsakt auf Angaben beruht, die der Betroffene vorsätzlich in wesentlicher Beziehung unrichtig oder unvollständig gemacht hat.

Im Übrigen ist ein rechtswidriger nicht begünstigender Verwaltungsakt, auch nachdem er unanfechtbar geworden ist, ganz oder teilweise mit Wirkung für die Zukunft zurückzunehmen. Hier hat der Sozialleistungsträger kein Ermessen. Er kann auch für die Vergangenheit zurückgenommen werden. Hierbei handelt es sich um eine Ermessensentscheidung (siehe Ausführungen zu § 39 SGB I) durch den Sozialleistungsträger.

§ 45 SGB X befasst sich mit der Rücknahme von rechtswidrigen begünstigenden Verwaltungsakten.

Soweit ein Verwaltungsakt, der ein Recht oder einen rechtlich erheblichen Vorteil begründet oder bestätigt hat (begünstigender Verwaltungsakt), rechtswidrig ist, darf er, auch nachdem er unanfechtbar geworden ist, nur unter bestimmten Einschränkungen ganz oder teilweise mit Wirkung für die Zukunft oder für die Vergangenheit zurückgenommen werden.

Ein rechtswidriger begünstigender Verwaltungsakt darf nicht zurückgenommen werden, soweit der Begünstigte auf den Bestand des Verwaltungsaktes vertraut hat und sein Vertrauen unter Abwägung mit dem öffentlichen Interesse an einer Rücknahme schutzwürdig ist. Das Vertrauen ist in der Regel schutzwürdig, wenn der Begünstigte erbrachte Leistungen verbraucht oder eine Vermögensdisposition getroffen hat, die er nicht mehr oder nur unter unzumutbaren Nachteilen rückgängig machen kann. Auf Vertrauen kann sich der Begünstigte nicht berufen, soweit

- er den Verwaltungsakt durch arglistige Täuschung, Drohung oder Bestechung erwirkt hat,
- der Verwaltungsakt auf Angaben beruht, die der Begünstigte vorsätzlich oder grob fahrlässig in wesentlicher Beziehung unrichtig oder unvollständig gemacht hat, oder
- er die Rechtswidrigkeit des Verwaltungsaktes kannte oder infolge grober Fahrlässigkeit nicht kannte; grobe Fahrlässigkeit liegt vor, wenn der Begünstigte die erforderliche Sorgfalt in besonders schwerem Maße verletzt hat.

Verwaltungsakt mit Dauerwirkung

Verwaltungsakte mit Dauerwirkung können nur unter den Voraussetzungen der §§ 45, 48 SGB X zurückgenommen oder aufgehoben werden.

Mit der Aufhebung befasst sich § 48 SGB X. Danach gilt, dass soweit in den tatsächlichen oder rechtlichen Verhältnissen, die beim Erlass eines Verwaltungsaktes mit Dauerwirkung vorgelegen haben, eine wesentliche Änderung eintritt, der Verwaltungsakt mit Wirkung für die Zukunft aufzuheben ist. Der Verwaltungsakt soll mit Wirkung vom Zeitpunkt der Änderung der Verhältnisse aufgehoben werden, soweit

- die Änderung zugunsten des Betroffenen erfolgt,
- der Betroffene einer durch Rechtsvorschrift vorgeschriebenen Pflicht zur Mitteilung wesentlicher für ihn nachteiliger Änderungen der Verhältnisse vorsätzlich oder grob fahrlässig nicht nachgekommen ist,
- nach Antragstellung oder Erlass des Verwaltungsaktes Einkommen oder Vermögen erzielt worden ist, das zum Wegfall oder zur Minderung des Anspruchs geführt haben würde, oder
- der Betroffene wusste oder nicht wusste, weil er die erforderliche Sorgfalt in besonders schwerem Maße verletzt hat, dass der sich aus dem Verwaltungsakt ergebende Anspruch kraft Gesetzes zum Ruhen gekommen oder ganz oder teilweise weggefallen ist.

Als Zeitpunkt der Änderung der Verhältnisse gilt in Fällen, in denen Einkommen oder Vermögen auf einen zurückliegenden Zeitraum auf Grund der besonderen Teile dieses Gesetzbuches anzurechnen ist, der Beginn des Anrechnungszeitraumes.

Zur Rücknahme von Verwaltungsakten ohne Dauerwirkung gelten die im oberen Abschnitt getroffenen Aussagen zu § 45 SGB X.

Wichtig: Ein rechtswidriger begünstigender Verwaltungsakt mit Dauerwirkung kann nur bis zum Ablauf von zwei Jahren nach seiner Bekanntgabe zurückgenommen werden.

Prüfungsschema: Rechtmäßiger Verwaltungsakt

Ein Verwaltungsakt ist rechtswidrig – in Ausnahmefällen sogar nichtig (vgl. § 40 SGB X) –, wenn die Behörde bei ihrem Handeln u. a. eine der folgenden Voraussetzungen nicht beachtet:

1. Zuständigkeit der erlassenden Behörde: Verbandskompetenz, sachliche Zuständigkeit, §§ 18–29 SGB I i. V. m. Spezialgesetzen
2. Verfahrens- und Formvorschriften (in der Regel ist das Verwaltungsverfahren formlos, §§ 8 ff. SGB X) u. a.:
   a) Antragstellung, § 18 Satz 2 Nr. 1 Alt. 2 oder Nr. 2 SGB X
   b) Beteiligter kann wirksam Verfahrenshandlungen vornehmen, § 11 SGB X
   c) Mitwirkung einer ausgeschlossenen Person, § 16 SGB X
   d) Mitwirkung einer befangenen Person, § 17 SGB X
   e) Untersuchungsgrundsatz, § 20 SGB X
   f) Anhörungspflicht, § 24 SGB X
   g) Akteneinsichtsrecht, § 25 SGB X

   siehe aber auch §§ 41 ff. SGB X wegen der Heilung von Verfahrens- und Formvorschriften
3. Ermächtigungsgrundlage bei belastenden Verwaltungsakten, § 31 SGB I
   a) Wirksamkeit der Ermächtigungsgrundlage (formelle und verfassungsmäßige Gültigkeit; kein Verstoß gegen die Verfassung und sonstiges Recht)
   b) Voraussetzungen der Ermächtigungsgrundlage
4. Bestimmtheit und Form, § 33 SGB X
5. Begründungszwang, § 35 SGB X
6. Beifügung einer Rechtsbehelfsbelehrung, § 36 SGB X, aber Folgen siehe § 66 Abs. 2 SGG
7. Bei Ermesseneinräumung: Gebot des fehlerfreien Ermessensgebrauchs, § 39 SGB I; Mitteilung der Ermessensausübung nach § 35 Abs. 1 Satz 3 SGB X
8. Grundsätze des Verwaltungshandelns (wie Gesetzmäßigkeit, Verhältnismäßigkeit, etc.) gewahrt.

Ein danach rechtmäßiger Verwaltungsakt wird erst wirksam, wenn er dem Betroffenen ordnungsgemäß bekannt gegeben worden ist

(§§ 37, 39 SGB X). Der Verwaltungsakt wird erst bindend, wenn der gegen den Verwaltungsakt gegebene Rechtsbehelf nicht oder erfolglos eingelegt wird, § 77 SGG, es sei denn, durch Gesetz wird etwas anderes bestimmt.

Erstattung zu Unrecht erbrachter Leistungen

Wie bereits beschrieben, beschäftigen sich die §§ 44 bis 51 SGB X mit der Rücknahme, dem Widerruf oder der Aufhebung eines Verwaltungsaktes.

Soweit ein Verwaltungsakt aufgehoben worden ist, sind bereits erbrachte Leistungen zu erstatten (§ 50 Abs. 1 SGB X). Sach- und Dienstleistungen sind in Geld zu erstatten.

Voraussetzung: Aufgehobener Verwaltungsakt

Eine materiell-rechtlich zu Unrecht erfolgte Leistung gilt als rechtmäßig erbracht, solange sie auf einem wirksamen Verwaltungsakt beruht. § 50 Abs. 1 SGB X setzt deshalb zwingend die Aufhebung des Verwaltungsaktes voraus, die mit der Bekanntgabe (§ 37 SGB X) an den Betroffenen wirksam wird (§ 39 Abs. 1 SGB X). Ob die Leistung auch materiell-rechtlich zu Unrecht erfolgt ist, muss hier nicht nochmals geprüft werden. Unter „Aufhebung" ist hier grundsätzlich die Beseitigung eines Verwaltungsaktes zu verstehen. In Betracht kommt die Rücknahme nach § 45 SGB X, die Aufhebung mit Wirkung für die Vergangenheit nach § 48 SGB X sowie der Widerruf eines Verwaltungsaktes nach § 47 SGB X.

Erbrachte Leistungen

Der Begriff umfasst alle Sozialleistungen, die nach dem Sozialgesetzbuch erbracht wurden (§§ 1, 11 SGB I), d. h. auch Förderleistungen an Einrichtungen und Betriebe. Erbracht ist eine Leistung, wenn sie dem Leistungsempfänger bewusst und zweckgerichtet zugewendet wurde und dieser den Zweck der Leistung als Sozialleistung und sich selbst als Empfänger der Leistung erkennen konnte; die Leistung muss zugeflossen sein (BSG, Urt. v. 30.01.2002 – B 5 RJ 26/01 R). Die Auszahlung muss aber nicht zwingend unmittelbar an den LE, sondern kann auch an einen „beteiligten Dritten" erfolgt sein. Beteiligte Dritte sind z. B. Abzweigungsberechtigte (§ 48 Abs. 1 SGB I), Pfändungsgläubiger (§ 54 SGB I) oder Bevollmächtigte bzw. Vertreter.

Beispiel:

Erbracht sind Leistungen nur, soweit sie auf dem aufgehobenen Verwaltungsakt beruhen, also für den Aufhebungszeitraum gezahlt worden sind.

§ 50 SGB X gilt, wenn ein öffentlich-rechtliches Sozialleistungsverhältnis vorliegt. Das ist der Fall, wenn die Behörde davon ausgeht, dass ein solches Rechtsverhältnis besteht, und Leistungsverpflichtungen gegenüber dem Leistungsempfänger erfüllen sollte.

Wenn jedoch versehentlich Gelder auf ein falsches Konto überwiesen werden, und es sich dabei um Personen handelt, bei denen die Behörde keine Zahlungspflicht vermutet hat, ist § 50 Abs. 2 SGB X keine Rechtsgrundlage für eine Erstattung. In solchen Fällen kann die Behörde nur zivilrechtliche Ansprüche geltend machen, wie z. B. aus §§ 812 ff. BGB (ungerechtfertigte Bereicherung). Diese müssen dann durch private Schritte wie Mahnverfahren oder Klage verfolgt werden.

6 Öffentlich-rechtlicher Vertrag

Was versteht man unter einem öffentlich-rechtlichen Vertrag?

Der öffentlich-rechtliche Vertrag (auch Verwaltungsvertrag genannt) stellt neben dem Verwaltungsakt eine weitere, gleichwertige Handlungsform der öffentlichen Verwaltung dar. Während der Verwaltungsakt eine einseitige hoheitliche Maßnahme ist, die auf Setzung einer verbindlichen Rechtsfolge gerichtet ist (§ 35 VwVfG), beruht der öffentlich-rechtliche Vertrag auf dem Prinzip der gegenseitigen Einigung zwischen Verwaltung und Bürger.

Er ist in den §§ 54 bis 62 VwVfG umfassend geregelt. Diese Vorschriften schaffen einen rechtlichen Rahmen für den Abschluss, die Wirksamkeit, die Rückabwicklung und die Nichtigkeit solcher Verträge. Im Sozialrecht ergibt sich die Zulässigkeit und Ausgestaltung des öffentlich-rechtlichen Vertrages aus den §§ 53 und 54 SGB X, die die Vorschriften des Verwaltungsverfahrensgesetzes ergänzen und speziell auf die Rechtsbeziehungen zwischen Sozialleistungsträgern und Bürgern zugeschnitten sind.

Öffentlich-rechtliche Verträge können in verschiedenen Formen auftreten, etwa als:

- Austauschverträge (§ 56 VwVfG): beide Seiten übernehmen gegenseitige Verpflichtungen (z. B. Förderung gegen bestimmte Auflagen);
- Verträge zur Begründung, Änderung oder Aufhebung eines Rechtsverhältnisses (§ 54 Satz 2 VwVfG);
- Vergleichsverträge (§ 55 VwVfG), die einen Streit oder eine Ungewissheit über ein Rechtsverhältnis einvernehmlich beilegen.

Der öffentlich-rechtliche Vertrag ermöglicht es der Verwaltung, flexibler, kooperativer und partnerschaftlicher mit Bürgern oder anderen Rechtsträgern zusammenzuarbeiten. Er spielt in der Praxis besonders dort eine Rolle, wo eine einvernehmliche Regelung im öffentlichen Interesse liegt – etwa bei Subventionsverträgen, Städtebauförderung, Umweltauflagen oder Vereinbarungen im Sozialrecht.

Welche Argumente wurden gegen den öffentlich-rechtlichen Vertrag vorgebracht

Die Zulassung des öffentlich-rechtlichen Vertrages war lange umstritten. Gegner beriefen sich auf verschiedene theoretische, dogmatische und rechtsstaatliche Argumente:

- Staatsphilosophisches Argument: Nach klassischem Verständnis des Staates als Träger hoheitlicher Gewalt könne dieser gegenüber dem Bürger nur einseitig-hoheitlich handeln.

  Der Staat repräsentiere die übergeordnete Ordnungsmacht und könne daher nicht „auf gleicher Ebene" wie ein Privater Verträge schließen.

  Ein Vertrag setze jedoch Gleichordnung der Beteiligten voraus. Daher widerspreche es der „Staatsidee", wenn der Staat seine hoheitliche Position aufgebe und sich vertraglich binde. Der Staat könne – so die Kritiker – als „Hoheitsträger" nicht „unter Gleichen" handeln.

- Dogmatisches Argument: Im öffentlichen Recht herrsche ein Über-/Unterordnungsverhältnis. Dieses Verhältnis werde durch den Verwaltungsakt typischerweise ausgedrückt.

  Trete der Staat aber einem Bürger auf Augenhöhe gegenüber, so verlasse er die Sphäre des öffentlichen Rechts und handele privatrechtlich.

  Nach dieser Ansicht sei ein Vertrag zwischen Verwaltung und Bürger immer ein Privatrechtsvertrag, da der Charakter des öffentlichen Rechts (Überordnung der Verwaltung) verloren gehe. Öffentlich-rechtliche Verträge seien daher dogmatisch unhaltbar.

- Rechtsstaatliches Argument: Schließlich wurde argumentiert, dass der öffentlich-rechtliche Vertrag den Grundsatz der Gesetzmäßigkeit der Verwaltung und den Vorbehalt des Gesetzes gefährden könne.

  Der Staat dürfe seine Entscheidungen nicht „verkaufen" oder „verhandeln", wenn das Gesetz ihm eine bestimmte Entscheidung verpflichtend vorschreibt.

  Insbesondere bei begünstigenden Verwaltungsakten dürfe keine vertragliche Gegenleistung verlangt werden, die den Charakter einer unzulässigen „Gegenleistung für Verwaltungshandeln" habe.

Ein solcher „Verkauf von Verwaltungsakten" widerspreche dem Rechtsstaatsprinzip und der Bindung der Verwaltung an Recht und Gesetz (Art. 20 Abs. 3 GG).

Mit welchen Argumenten hat das BVerwG den öffentlich-rechtlichen Vertrag verteidigt?

Das Bundesverwaltungsgericht (BVerwG) hat die Kritik zurückgewiesen und die Zulässigkeit des öffentlich-rechtlichen Vertrages ausdrücklich anerkannt. Es betonte, dass moderne Verwaltung nicht nur durch hierarchisches Handeln, sondern auch durch Kooperation und Konsens geprägt ist.

1. Zulässigkeit bestätigt:

Das BVerwG stellte klar, dass Verwaltungsverträge mit den Grundprinzipien des öffentlichen Rechts vereinbar sind. Sie ergänzen die klassische Handlungsform des Verwaltungsakts, ohne diese zu verdrängen. Der Vertrag ist damit ein legitimes Instrument moderner Verwaltungssteuerung.

2. Notwendigkeit im modernen Verwaltungsstaat:

Das moderne Leben sei komplex, vielfältig und von Kooperation geprägt. Verwaltungshandeln müsse oft flexibel, individuell und abgestimmt erfolgen.

Ein rein einseitiges Vorgehen durch Verwaltungsakt werde den Bedürfnissen moderner Verwaltungsaufgaben – etwa in der Wirtschaftsförderung, Umweltpolitik, Bildung oder Sozialverwaltung – nicht immer gerecht.

Der öffentlich-rechtliche Vertrag ermögliche es, einvernehmliche Lösungen zu finden, die sowohl die Interessen des Bürgers als auch die des Staates berücksichtigen.

3. Wahrung rechtsstaatlicher Grundsätze:

Das Gericht betonte zugleich, dass auch der öffentlich-rechtliche Vertrag strengen rechtlichen Bindungen unterliegt.

Die Verwaltung bleibt an die Grundsätze der Gesetzmäßigkeit, des Vorbehalts des Gesetzes und des Gleichheitssatzes gebunden.

Ein Vertrag ist daher nur dann zulässig, wenn er innerhalb der gesetzlichen Ermächtigung geschlossen wird und den gesetzlichen Zweck nicht unterläuft.

4. Ermessensausübung und Verhältnismäßigkeit

Der öffentlich-rechtliche Vertrag bietet der Verwaltung die Möglichkeit, ihre Entscheidung ermessensgerecht und verhältnismäßig zu gestalten.

Er erlaubt eine „Feinabstimmung" zwischen staatlichen Interessen und individuellen Bedürfnissen des Bürgers. Damit ist er ein Ausdruck kooperativen Verwaltungshandelns und dient letztlich auch der Effizienz und Akzeptanz staatlicher Entscheidungen.

Öffentlich-rechtliche Verträge im Sozialrecht?

Das Sozialrecht ist durch das Prinzip der Fürsorge und Solidarität geprägt. Gleichzeitig verlangt es eine individualisierte, fallbezogene Leistungsgewährung. In vielen Situationen reicht die starre, einseitige Regelung per Verwaltungsakt nicht aus, um die Interessen von Leistungsträger und Leistungsberechtigtem sachgerecht auszutarieren.

Deshalb erlaubt das SGB X in den §§ 53 und 54 ausdrücklich den Abschluss von öffentlich-rechtlichen Verträgen zwischen Sozialleistungsträgern und Leistungsberechtigten (oder auch zwischen verschiedenen Trägern). Diese Vorschriften schaffen die sozialrechtliche Sonderregelung zu den allgemeinen §§ 54 ff. VwVfG. Sie konkretisieren die Möglichkeit, Verwaltungsverfahren durch einvernehmliche Regelungen zu gestalten.

§ 53 SGB X regelt dabei, dass ein Sozialleistungsträger anstelle eines Verwaltungsakts einen Vertrag schließen darf, sofern das Gesetz dies nicht ausdrücklich ausschließt. Beispiele für Ausschlüsse sind dort, wo zwingendes Recht gilt, etwa Rentenansprüche oder Pflichtleistungen ohne Ermessensspielraum.

§ 54 SGB X regelt, welche Arten von Verträgen es geben kann. Unterschieden wird auch hier zwischen:

- Austauschverträgen (§ 56 SGB X) – gegenseitige Verpflichtungen (z. B. Förderung gegen Gegenleistung)
- Verträgen über den Erlass eines Verwaltungsakts (§ 54 Satz 2 SGB X)

- Vergleichsverträgen (§ 55 SGB X) – Beilegung von Unklarheiten oder Streitigkeiten über ein Rechtsverhältnis.

Der öffentlich-rechtliche Vertrag ist im Sozialrecht ein Instrument flexibler Leistungsgewährung. Er erlaubt es, individuelle Bedürfnisse der Leistungsberechtigten mit dem öffentlichen Interesse an einer wirtschaftlichen, zweckgebundenen und rechtmäßigen Mittelverwendung in Einklang zu bringen.

Beispiele:

Der Eingliederungshilfeträger schließt mit einer behinderten Person einen Leistungs- und Zielvereinbarungsvertrag (§ 117 SGB IX n.F.), in dem Art, Umfang und Ziel der Leistungen zur Teilhabe individuell festgelegt werden. Der Vertrag ersetzt den Verwaltungsakt über die Bewilligung und schafft gegenseitige Pflichten – z. B.: Der Träger verpflichtet sich, eine Arbeitsassistenz zu finanzieren; der Leistungsberechtigte verpflichtet sich, regelmäßig an Maßnahmen zur beruflichen Integration teilzunehmen.

Rehabilitationsträger (z. B. Rentenversicherung, Unfallversicherung, Agentur für Arbeit) schließen Kooperations- und Zielvereinbarungen mit anderen Trägern oder mit Betroffenen, um Leistungen zur medizinischen oder beruflichen Rehabilitation zu koordinieren – z. B. ein Vertrag zwischen der Rentenversicherung und einem Arbeitgeber über die Durchführung einer stufenweisen Wiedereingliederung nach Krankheit (§ 44 SGB IX).

Im Bereich der Pflege werden zwischen Sozialhilfeträgern und Pflegeeinrichtungen Leistungs-, Vergütungs- und Prüfungsvereinbarungen geschlossen (§§ 75 ff. SGB XI). Diese Verträge sind öffentlich-rechtlicher Natur, da sie der Sicherstellung der Daseinsvorsorge und dem öffentlichen Interesse an einer angemessenen Versorgung dienen – z. B. ein Pflegedienst verpflichtet sich, Pflegeleistungen nach festgelegten Qualitätsstandards zu erbringen, während der Sozialhilfeträger die Vergütung zusichert.

Nicht in allen Fällen ist der Vertragsweg zulässig. Er ist unzulässig, wenn:

- das Gesetz eine bestimmte Entscheidung zwingend vorschreibt (z. B. Rentenbewilligung, Kindergeld),
- eine Ermessensreduzierung auf Null besteht,

- der Vertrag gegen gesetzliche Vorschriften oder den Grundsatz der Gleichbehandlung verstößt
- eine unzulässige Gegenleistung vereinbart wird („Verkauf von Verwaltungsakten“)

Außerdem gilt § 58 SGB X: Ein Vertrag ist nichtig, wenn er auf einen rechtswidrigen Erfolg gerichtet ist oder gegen zwingendes Recht verstößt.

7 Das Widerspruchsverfahren

7

Allgemeines

Erlässt die Behörde einem Bürger gegenüber einen Verwaltungsakt, mit dem sie zum Beispiel eine von ihm begehrte Leistung ganz oder teilweise ablehnt, so muss der Versicherte, bevor er Klage erheben kann, im Regelfall zunächst Widerspruch gegen diesen Verwaltungsakt einlegen, sog. Vorverfahren.

Über den Widerspruch entscheidet der Widerspruchsausschuss.

In Angelegenheiten der Sozialversicherung wird der Widerspruchsausschuss vom Verwaltungsrat bestimmt. Für das Widerspruchsverfahren gelten die Vorschriften des Sozialgerichtsgesetzes (SGG) und des Zehnten Buches Sozialgesetzbuch (SGB X), soweit nicht durch Gesetz etwas anderes bestimmt ist.

Wann kommt es überhaupt zu einem Widerspruchsverfahren?

Das Vorverfahren (oder auch Widerspruchsverfahren) beginnt mit der Erhebung des Widerspruchs gegen den Verwaltungsakt der Behörde, § 78 Abs. 1 SGG. Dabei muss nicht ausdrücklich das Wort Widerspruch verwendet werden; es reicht aus, dass sich aus dem Inhalt des Schreibens der Wille ergibt, einen bestimmten Verwaltungsakt auf seine Recht- bzw. Zweckmäßigkeit hin überprüfen zu lassen. Bevor ein Widerspruchsbescheid ergeht, muss die Ausgangsbehörde Gelegenheit erhalten, auf den Widerspruch des Betroffenen hin den Verwaltungsakt noch einmal zu überprüfen (Abhilfeverfahren). Hilft die Ausgangsbehörde dem Widerspruch nicht ab, so prüft die Widerspruchsstelle, ob der Widerspruch zulässig und begründet ist.

Danach erfolgt der Erlass des Widerspruchsbescheides und die Widerspruchsstelle gibt diesen dem Beteiligten bekannt. Gegen diesen Widerspruchsbescheid besteht die Möglichkeit der Klage vor dem Sozialgericht.

Sinn und Zweck des Widerspruchs-/Vorverfahrens

Das Widerspruchsverfahren dient der Selbstkontrolle des Sozialversicherungsträgers, denn es ermöglicht ihm, Fehler festzustellen und sich zu korrigieren. Weiterhin dient es auch dem Rechtsschutz des Bürgers, weil der Widerspruch zu einer vollen Nachprüfung (Rechtmäßigkeit und Zweckmäßigkeit) durch die erlassende Behörde und bei Nichtabhilfe durch die Widerspruchsbehörde führt. Schließlich werden durch die Selbstkontrolle und die Möglichkeit, den Betroffenen im Widerspruchsverfahren von der Rechtmäßigkeit des Verwaltungsaktes zu überzeugen, Prozesse vermieden und Gerichte entlastet.

Selbstkontrolle der Verwaltung und Entlastung der Gerichte

Nach §78 Abs. 1 SGG müssen Rechtmäßigkeit und Zweckmäßigkeit des Verwaltungsaktes grundsätzlich vor Erhebung der Anfechtungsklage in einem förmlichen Verwaltungsverfahren geprüft werden.

Gründe für die Notwendigkeit: Die Behörde soll in die Lage versetzt werden, ihre Akte im Wege der Selbstkontrolle zu prüfen. Selbstkontrolle ist bei den Behörden Kontrolle der Verwaltung und zugleich sollen dadurch die Sozialgerichte entlastet werden.

Rechtsschutz des Bürgers

Der Rechtsschutz des Bürgers soll durch das Vorverfahren verbessert werden.

Aufgaben und Funktionen des Widerspruchsausschusses

Abhilfe des Widerspruchs, §85 Abs. 1 SGG

Die Behörde, die den Verwaltungsakt erlassen hat, muss zunächst prüfen, ob sie dem Widerspruch abhelfen will oder nicht.

Zuständig ist der Leiter der Behörde oder ein von ihm beauftragter Mitarbeiter.

Die Behörde muss abhelfen, wenn sie den Widerspruch ganz oder teilweise für begründet hält.

Abhilfe ist auch dann möglich, wenn ein Widerspruch wegen Verstoß gegen Form- und Fristvorschriften unzulässig ist.

Erlass des Widerspruchsbescheides, §85 Abs. 2 SGG

Hier ist geregelt, wer über den Widerspruch zu entscheiden hat.

Widerspruchsausschuss ist nach §85 Abs. 2 Satz 1 Nr. 2 SGG in Angelegenheiten der Sozialversicherung die von der Vertreterversammlung bestimmte Stelle.

Prüfung durch Widerspruchsbehörde

Zulässigkeit des Widerspruchs

Bei der Zulässigkeit prüft der Widerspruchsauschuss unter anderem die Wahrung der Form- und Fristvorschriften. Der Widerspruch muss binnen eines Monats, nachdem der Verwaltungsakt dem Beschwerten bekannt gegeben worden ist, schriftlich, elektronisch nach § 36a Abs. 2 SGB I oder zur Niederschrift bei der Stelle eingereicht werden, die den Verwaltungsakt erlassen hat. Die Frist gilt nach § 84 Abs. 2 SGG aber auch dann als gewahrt, wenn der Widerspruch bei den in Absatz 2 genannten Behörden eingelegt wird. Dazu zählen beispielsweise alle deutschen Behörden im Inland, auch Gerichte, Versicherungsträger, weitere Organe der gesetzgebenden Körperschaften und deutsche Konsularbehörden im Ausland.

Nach § 66 Abs. 2 SGG ist die Einlegung des Rechtsbehelfs allerdings ausnahmsweise für den Fall, dass die Belehrung unterblieben oder unrichtig erteilt worden ist, innerhalb eines Jahres seit Zustellung, Eröffnung oder Verkündung zulässig. War jemand ohne sein Verschulden verhindert, die gesetzliche Verfahrensfrist einzuhalten, so ist ihm gemäß § 67 SGG auf Antrag Wiedereinsetzung in den vorherigen Stand zu gewähren. Sind Form- und Fristvorschriften nicht eingehalten und liegen auch die Voraussetzungen der Wiedereinsetzung nicht vor, kann der Widerspruchsausschuss den Widerspruch als unzulässig zurückweisen.

Nach herrschender Ansicht muss er dies aber nicht, sondern kann auch zur Sache selbst entscheiden. Entscheidet der Widerspruchsausschuss trotz Unzulässigkeit des Widerspruchs zur Sache, ist der Mangel – jedenfalls im Verhältnis der Behörde zum Widerspruchsführer – geheilt.

Begründetheit des Widerspruchs

Ist der Widerspruch zulässig, muss der Widerspruchsausschuss den angegriffenen Verwaltungsakt auf seine Rechtmäßigkeit und Zweckmäßigkeit hin überprüfen (§ 78 Abs. 1 SGG). Hat es sich bei der Ausgangsentscheidung um eine Ermessensentscheidung der Behörde gehandelt, kann die Widerspruchsbehörde ihr Ermessen an die Stelle des Ermessens der Ausgangsbehörde setzen. Der Widerspruchsausschuss entscheidet in der Sache neu, er muss auch neues Vorbringen des Widerspruchsführers berücksichtigen. Er kann den angefochtenen Verwaltungsakt auch mit anderen Gründen aufrechterhalten, abändern usw.

Da aber die Ausgangsstelle unter bestimmten Voraussetzungen auch ohne Widerspruch ihren Verwaltungsakt zum Nachteil des Betroffenen ändern kann (vgl. §§ 44 bis 48 SGB X) und der Widerspruchsausschuss ebenfalls im Verwaltungsverfahren entscheidet, muss er dieselben Befugnisse wie die Ausgangsstelle haben. Er kann deswegen nach herrschender Meinung im selben Umfang „verbösern", wie die Ausgangsstelle ihren Verwaltungsakt aufheben (widerrufen oder zurücknehmen) kann. Hierbei sind die Grundsätze des Vertrauensschutzes und von Treu und Glauben zu berücksichtigen.

Folgende Entscheidungsmöglichkeiten des Widerspruchsausschusses sind denkbar:

a) Der Widerspruchsausschuss hält den Widerspruch für unzulässig:
   aa) Der Widerspruchsausschuss kann dem Widerspruch abhelfen, wenn der Widerspruch lediglich wegen Frist- bzw. Formverstoß unzulässig, in der Sache aber eindeutig begründet ist

   oder

   bb) Der Widerspruchsausschuss regt an, den Widerspruch zurückzunehmen und bei der Krankenkasse/Pflegekasse einen Antrag nach § 44 SGB X zu stellen, damit erneut frist- und formgerecht ein mit Widerspruch anfechtbarer Bescheid erteilt werden kann

   oder

   cc) Erteilung eines Widerspruchsbescheides nach § 85 Abs. 3 SGG, wobei der Widerspruch dann als unzulässig zurückgewiesen wird.
b) Der Widerspruchsausschuss hält den Widerspruch für teilweise begründet:

   Widerspruchsbescheid mit Abänderung des angefochtenen Bescheides und Zurückweisung des Widerspruchs im Übrigen.
c) Der Widerspruchsausschuss hält den Widerspruch für unzulässig und/oder insgesamt für unbegründet:

   Widerspruchsbescheid, in dem der Widerspruch als unbegründet zurückgewiesen wird.

Ablauf des Widerspruchsverfahrens

Der Widerspruchsausschuss kann eine mündliche Verhandlung durchführen, muss dies aber nicht. In jedem Fall muss aber rechtliches

Gehör gewährt werden (§ 24 SGB X), insbesondere auch einem Dritten, der durch den Widerspruchsbescheid beschwert werden kann. Die Anhörung kann auch schriftlich erfolgen.

Der Widerspruchsbescheid

Der Widerspruchsbescheid ist seinerseits ein Verwaltungsakt. Der Widerspruchsausschuss muss entscheiden, wenn sich das Widerspruchsverfahren nicht erledigt hat (zum Beispiel durch Zurücknahme des Widerspruchs, Vergleich, Erledigung der Hauptsache, vollständige Abhilfe). Entscheidet der Widerspruchsausschuss ohne zureichenden Grund nicht innerhalb angemessener Frist, kann der Betroffene Untätigkeitsklage erheben. Die Frist beträgt nach § 88 Abs. 2 SGG drei Monate.

Form und Inhalt

Der Widerspruchsbescheid ist nach § 85 Abs. 3 SGG schriftlich zu erlassen, zu begründen und den Beteiligten bekannt zu geben. Die Beteiligten sind über die Zulässigkeit der Klage (§ 54 SGG), die einzuhaltende Frist (§ 87 SGG) und den Sitz (§§ 7, 28 SGG) des zuständigen Gerichts zu belehren. Die Schriftform ist zwingend. Ein Verstoß hiergegen hat die Nichtigkeit des Widerspruchsbescheides zur Folge. Der Bescheid muss kurz die tragenden Gründe darlegen, insbesondere muss er deutlich machen, auf welche Tatsachen er gestützt wird. In der Begründung muss auf alle Tatsachen und Beweismittel, die von den Beteiligten vorgebracht worden sind, eingegangen werden. Die Ergebnisse der Beweiserhebungen sind mitzuteilen. Dies gilt insbesondere, wenn der Widerspruch ganz oder teilweise abgewiesen wird, weil der Widerspruchsbescheid nur damit den Widerspruchsführer überzeugen und ihn von einer Klageerhebung abhalten kann. Dies gilt aber auch für stattgebende Bescheide. Hier erfolgt eine eingehende Begründung vor allem im Interesse der Ausgangsbehörde, die den Widerspruchsbescheid nicht nur gezwungenermaßen, sondern überzeugt ausführen soll und nur mit der gegebenen Begründung Parallelfälle vermieden werden können. Ein Verstoß gegen den Begründungszwang ist ein Verfahrensfehler, führt aber nicht zur Nichtigkeit. Die Rechtsbehelfsbelehrung ist immer erforderlich, auch für den Fall, dass dem Widerspruch stattgegeben wird. Der Widerspruchsbescheid muss bekannt gegeben werden.

Bindungswirkung

Der Widerspruchsbescheid bindet den Widerspruchsausschuss und die Ausgangsstelle. Dies bedeutet, dass der Widerspruchsausschuss den Widerspruchsbescheid nicht mehr frei, sondern nur noch nach den für die Rücknahme, den Widerruf und die Aufhebung von Verwaltungsakten geltenden Grundsätzen (§ 44 ff. SGB X) abändern oder aufheben kann. Offenbare Unrichtigkeiten im Widerspruchsbescheid, wie z. B. Schreib- und Rechenfehler, kann der Widerspruchsausschuss dessen ungeachtet jederzeit berichtigen (§ 38 SGB X). Mit dem Widerspruchsbescheid endet das Vorverfahren. Gegen den Verwaltungsakt in der Gestalt, die er im Widerspruchsverfahren gefunden hat, kann der Betroffene Klage erheben.

Muster eines Widerspruchsbescheides

Widerspruchsbescheid (Muster)

Nunmehr erfolgt die Begründung im Einzelnen.

1. Die wesentlichen tatsächlichen Gründe
2. Die wesentlichen rechtlichen Gründe
3. Zuordnung des Sachverhalts zum Rechtstatbestand
4. Im Fall eines Ermessens Ermessensgesichtspunkte

Rechtsbehelfsbelehrung:

Gegen diesen Widerspruchsbescheid kann innerhalb eines Monats nach Bekanntgabe beim Sozialgericht in Stadthagen, Winterstr. 1, Klage erhoben werden, und zwar schriftlich oder zu Protokoll des Urkundsbeamten der Geschäftsstelle des Sozialgerichts.

Die Klagefrist gilt auch dann als gewahrt, wenn die Klageschrift innerhalb der gleichen Frist bei einem anderen Träger der Sozialversicherung oder einer anderen inländischen Behörde eingegangen ist.

Die Klage muss den Kläger, den Beklagten und den Gegenstand des Klagebegehrens bezeichnen. Zur Bezeichnung des Beklagten genügt die Angabe der Behörde. Die Klage soll einen bestimmten Antrag enthalten und von dem Kläger oder einer zu seiner Vertretung befugten Person mit Orts- und Zeitangabe unterzeichnet sein. Die zur Begründung dienenden Tatsachen und Beweismittel sollen angegeben, die angefochtene Verfügung und der Widerspruchsbescheid sollen in Urschrift oder in Abschrift beigefügt werden.

> Der Widerspruchsausschuss
>
> gez. Unterschriften

Aufschiebende Wirkung des Widerspruchs

Widerspruch und Anfechtungsklage haben nach § 86a SGG aufschiebende Wirkung. Das bedeutet, dass der Verwaltungsakt nicht vollzogen werden darf!

Die aufschiebende Wirkung entfällt nach § 86a Abs. 2 SGG u. a.:

- bei der Entscheidung über Versicherungs-, Beitrags- oder Umlagepflichten sowie der Anforderung von Beiträgen, Umlagen und sonstigen öffentlichen Abgaben (§ 86a Abs. 2 Nr. 1 SGG)
- für die Anfechtungsklage in Angelegenheiten der Sozialversicherung bei Verwaltungsakten, die eine laufende Leistung herabsetzen oder entziehen (§ 86a Abs. 2 Nr. 3 SGG)

Der Versicherte muss also im letztgenannten Fall damit rechnen, dass die laufende Sozialleistung mit dem Widerspruchsbescheid eingestellt wird.

Kostenentscheidung im Widerspruchsverfahren

Allgemeines, § 63 SGB X

Soweit der Widerspruch erfolgreich ist, hat der Rechtsträger, dessen Behörde den angefochtenen Verwaltungsakt erlassen hat, demjenigen, der Widerspruch erhoben hat, die zur zweckentsprechenden Rechtsverfolgung oder Rechtsverteidigung notwendigen Aufwendungen zu erstatten. Dies gilt auch, wenn der Widerspruch nur deshalb keinen Erfolg hat, weil die Verletzung einer Verfahrens- oder Formvorschrift nach § 41 SGB X unbeachtlich ist. Aufwendungen, die durch das Verschulden eines Erstattungsberechtigten entstanden sind, hat dieser selbst zu tragen; das Verschulden eines Vertreters ist dem Vertretenen zuzurechnen.

Die Gebühren und Auslagen eines Rechtsanwalts oder eines sonstigen Bevollmächtigten im Vorverfahren sind erstattungsfähig, wenn die Zuziehung eines Bevollmächtigten notwendig war.

Die Behörde, die die Kostenentscheidung getroffen hat, setzt auf Antrag den Betrag der zu erstattenden Aufwendungen fest; hat ein

Ausschuss oder Beirat die Kostenentscheidung getroffen, obliegt die Kostenfestsetzung der Behörde, bei der der Ausschuss oder Beirat gebildet ist. Die Kostenentscheidung bestimmt auch, ob die Zuziehung eines Rechtsanwalts oder eines sonstigen Bevollmächtigten notwendig war.

Für das Verfahren bei den Behörden nach dem SGB X werden keine Gebühren und Auslagen erhoben, § 64 Abs. 1 Satz 1 SGB X.

Kosten des Rechtsanwaltes

Das Gebührenrecht für Rechtsanwälte ist im Rechtsanwaltsvergütungsgesetz (RVG) geregelt. Zum 01.01.2021 sind die Gebühren in sozialrechtlichen Mandaten um 20 Prozent angehoben worden.

Für das sozialrechtliche Verwaltungsverfahren allein (ohne Widerspruchsverfahren oder Klageverfahren) besteht kein Anspruch auf Erstattung von Anwaltsgebühren.

Am 21.03.2025 hat der Bundesrat dem „Gesetz zur Neuregelung der Vormünder- und Betreuervergütung und zur Entlastung von Betreuungsgerichten und Betreuern sowie zur Änderung des Rechtsanwaltsvergütungsgesetzes und des Justizkostenrechts (Kosten- und Betreuervergütungsrechtsänderungsgesetz 2025 – KostBRÄG 2025)" zugestimmt.

Zum 01.01. 2026 wird daher die „Reform" der Betreuervergütung in Kraft treten und auch höhere Vergütungen für Betreuer vorsehen.

Exkurs: Kosten im sozialgerichtlichen Verfahren

Die Verfahren vor den Sozialgerichten sind für Versicherte, Leistungsempfänger und behinderte Menschen einschließlich deren Sonderrechtsnachfolger gerichtskostenfrei; diese Kostenfreiheit gilt jedoch z. B. dann nicht, wenn ein Arbeitgeber gegen einen Beitragsbescheid, eine Vollstreckungsmaßnahme oder gegen die Feststellungen in einem Betriebsprüfbericht des Rentenversicherungsträgers Klage erhebt. Auch bei Erstattungsstreitigkeiten zwischen Sozialleistungsträgern können erhebliche Kosten entstehen, da diese nicht pauschal erhoben, sondern streitwertabhängig ermittelt werden. Dies gilt auch für zahlreiche andere Verfahren, z. B. bei Klagen von Leistungserbringern wie Krankenhäusern und Pflegeeinrichtungen.

Bei Klagen von Versicherten sind allerdings in jedem Fall Pauschalgebühren von Krankenkassen und anderen Sozialleistungsträgern zu entrichten. Die Anwaltsgebühren, die in sozialgerichtlichen Verfahren anfallen, werden nach dem Ermessen des Gerichts einem Beteiligten, in der Regel dem Unterlegenen, auferlegt.

Im Einzelnen gelten die nachfolgenden gebührenrechtlichen Bestimmungen.

Gerichtskosten in der Sozialgerichtsbarkeit (Pauschalgebühren)

Hierbei kommt der soziale Schutzgedanke zugunsten des schwächeren Prozessbeteiligten voll zum Tragen. Gerichtskosten zu Lasten des Versicherten, der z. B. wegen der Ablehnung einer Leistung gegen seine Krankenkasse Klage erhebt, fallen nicht an. Dasselbe gilt für alle Personengruppen, die in § 183 SGG genannt sind. Unabhängig vom Ausgang des Rechtsstreits haben vielmehr die beklagten Sozialversicherungsträger für jedes anhängige Verfahren gemäß § 184 SGG folgende Pauschalgebühren zu entrichten:

- Verfahren vor den Sozialgerichten (1. Instanz) 150 Euro
- Berufung vor dem Landessozialgericht (2. Instanz) 225 Euro
- Revision vor dem Bundessozialgericht (3. Instanz) 300 Euro

Diese Gebühren fallen auch dann an, wenn das Verfahren nicht durch Urteil oder den Abschluss eines gerichtlichen Vergleichs beendet wird, sondern ebenfalls in den Fällen einer Klagerücknahme oder anderweitigen Erledigung des Rechtsstreits, ohne dass eine mündliche Verhandlung vor Gericht stattgefunden hat (vgl. § 185 SGG). Allerdings ermäßigt sich die Gebühr auf die Hälfte, wenn das Verfahren nicht durch Urteil erledigt wird, § 186 SGG.

Einem Versicherten können ausnahmsweise dann Gerichtskosten auferlegt werden, wenn durch sein Nichterscheinen vor Gericht (Säumnis) zusätzliche Kosten entstanden sind oder die Rechtsverfolgung mutwillig erscheint (vgl. § 192 SGG). Von dieser Möglichkeit wurde aber bisher von den Gerichten nur äußerst selten Gebrauch gemacht.

Häufig ist es notwendig, dass in einem sozialgerichtlichen Verfahren teure ärztliche Gutachten erstellt werden müssen. Die Kosten hierfür werden den beteiligten Sozialversicherungsträgern bzw. einem Kläger nicht gesondert in Rechnung gestellt, sondern sind über die Pauschalgebühr mit abgegolten. Nur wenn auf Antrag des Versicherten ein besonderer Arzt gehört werden soll, kann von dem Antragsteller ein Kostenvorschuss verlangt bzw. können ihm die Gutachterkosten später endgültig auferlegt werden (vgl. § 109 Abs. 1 SGG). Hierbei handelt es sich um eine Ermessensbestimmung, die vom Gericht nicht unbedingt angewendet werden muss.

8 Schutz der Sozialdaten

8

Wahrung des Sozialgeheimnisses

Die Wahrung des Sozialgeheimnisses ist in § 35 SGB I in Verbindung mit den §§ 67 ff. SGB X geregelt. Diese Vorschriften ergänzen die Datenschutz-Grundverordnung (DSGVO, Artikel 4 der Verordnung (EU) 2016/679) zum Schutz personenbezogener Daten.

Das Sozialgeheimnis verpflichtet die Sozialleistungsträger, sicherzustellen, dass Sozialdaten nur befugten Personen zugänglich sind oder an diese weitergegeben werden. Sozialdaten und die ihnen gleichgestellten Betriebs- und Geschäftsgeheimnisse sind als Sozialgeheimnis besonders zu schützen. Dieses basiert auf dem Prinzip: Alles ist verboten, was nicht ausdrücklich erlaubt ist.

Nach § 67 Abs. 2 SGB X sind Sozialdaten personenbezogene Daten im Sinne der DSGVO, die von in § 35 SGB I genannten Stellen zur Erfüllung ihrer Aufgaben verarbeitet werden. Betriebs- und Geschäftsgeheimnisse sind betriebs- oder geschäftsbezogene Daten, auch von juristischen Personen, die Geheimnischarakter besitzen und ebenso geschützt sind.

Diese Regelungen gewährleisten den besonderen Schutz sensibler sozialrechtlicher Daten und das Vertrauen der Betroffenen in die soziale Verwaltung.

Personenbezogene Daten können sein:

- Alter
- Gesundheitszustand
- Familienstand
- Adresse
- Kontaktdaten
- Straftaten
- Einkommen
- Kreditinstitut
- Schulden
- Vertragsverpflichtungen.

Keine unbefugte Verarbeitung

Nach § 35 Abs. 1 SGB I dürfen Sozialdaten grundsätzlich nicht unbefugt verarbeitet werden – das heißt, es gilt ein Verbot. Die Verarbeitung umfasst dabei alle Arten des Umgangs mit Sozialdaten, von der Erhebung bis zur Löschung, einschließlich der Übermittlung (Art. 4 Nr. 2 DSGVO).

§ 35 Abs. 2 SGB I bestimmt, unter welchen Bedingungen eine Verarbeitung von Sozialdaten zulässig ist – also wann ein Erlaubnisvorbehalt greift. Demnach ist die Verarbeitung erlaubt, soweit die Vorschriften der §§ 67 ff. SGB X oder andere Rechtsvorschriften im Sozialgesetzbuch sie erlauben oder anordnen oder die betroffene Person eingewilligt hat.

Gemäß Art. 6 DSGVO ist eine Datenverarbeitung nur rechtmäßig, wenn mindestens eine der dort genannten Bedingungen vorliegt:

- die betroffene Person hat ihre Einwilligung zu der Verarbeitung der sie betreffenden personenbezogenen Daten für einen oder mehrere bestimmte Zwecke gegeben;
- die Verarbeitung ist für die Erfüllung eines Vertrags, dessen Vertragspartei die betroffene Person ist, oder zur Durchführung vorvertraglicher Maßnahmen erforderlich, die auf Anfrage der betroffenen Person erfolgen;
- die Verarbeitung ist zur Erfüllung einer rechtlichen Verpflichtung erforderlich, der der Verantwortliche unterliegt;
- die Verarbeitung ist erforderlich, um lebenswichtige Interessen der betroffenen Person oder einer anderen natürlichen Person zu schützen;
- die Verarbeitung ist für die Wahrnehmung einer Aufgabe erforderlich, die im öffentlichen Interesse liegt oder in Ausübung öffentlicher Gewalt erfolgt, die dem Verantwortlichen übertragen wurde;
- die Verarbeitung ist zur Wahrung der berechtigten Interessen des Verantwortlichen oder eines Dritten erforderlich, sofern nicht die Interessen oder Grundrechte und Grundfreiheiten der betroffenen Person, die den Schutz personenbezogener Daten erfordern, überwiegen, insbesondere dann, wenn es sich bei der betroffenen Person um ein Kind handelt.

Sozialdaten sind grundsätzlich bei der betroffenen Person zu erheben. Eine Erhebung ohne ihre Mitwirkung ist nur in bestimmten gesetzlich geregelten Fällen zulässig.

Außerdem regeln die Vorschriften des Zweiten Kapitels des SGB X sowie die übrigen Bücher des Sozialgesetzbuches abschließend die Verarbeitung von Sozialdaten, soweit die DSGVO nicht unmittelbar Anwendung findet (vgl. § 35 Abs. 2 SGB I).

Diese Regelungen gewährleisten, dass Sozialdaten besonders geschützt werden und deren Verarbeitung strikt auf gesetzliche Grundlagen oder Einwilligung beschränkt ist.

Informations- und Auskunftspflicht

Der Betroffene ist auf die für ihn geltenden Rechtsvorschriften hinzuweisen, die seine Auskunftspflicht regeln. Besonders relevant ist § 60 SGB I, der die Mitwirkungspflichten der Sozialleistungsberechtigten beschreibt. Ein praktisches Beispiel ist die Pflicht des Versicherten, bei der Feststellung der Voraussetzungen der Familienversicherung mitzuwirken.

Art. 13 DSGVO regelt die Informationspflichten bei der Erhebung personenbezogener Daten direkt bei der betroffenen Person. Dabei sind unter anderem Name und Kontaktdaten des Verantwortlichen sowie die Zwecke und Rechtsgrundlage der Datenverarbeitung mitzuteilen. Weitere Angaben betreffen den Datenschutzbeauftragten, Empfänger der Daten und ggf. Datenübermittlungen ins Ausland.

Im Sozialrecht besteht ergänzend die eigenständige Informationspflicht nach § 82 SGB X, die speziell den Umgang mit Sozialdaten regelt. Während die DSGVO in Art. 13 allgemeine Informationspflichten bei der Datenerhebung vorsieht, enthält § 82 SGB X ergänzende oder abweichende Vorschriften, die auf die besonderen Anforderungen sozialrechtlicher Datenverarbeitung zugeschnitten sind. So werden beispielsweise Ausnahmen und besondere Hinweise berücksichtigt, die im Sozialrecht erforderlich sind, um den Schutz von Sozialdaten mit den Erfordernissen der sozialen Verwaltung zu vereinbaren.

Erlaubnis, Einwilligung, Zweckbindung

Nach § 67b Abs. 1 SGB X sind die Speicherung, Veränderung, Nutzung, Übermittlung, Einschränkung der Verarbeitung und Löschung von Sozialdaten durch die in § 35 SGB I genannten Stellen zulässig, soweit die Vorschriften in den §§ 67c ff. SGB X oder eine andere Rechtsvorschrift in diesem Gesetzbuch es erlauben oder anordnen.

Wichtig: Zum Nachweis im Sinne des Art. 7 Abs. 1 der Verordnung (EU) 2016/679, dass die betroffene Person in die Verarbeitung ihrer personenbezogenen Daten eingewilligt hat, soll die Einwilligung schriftlich oder elektronisch erfolgen.

Mit der Speicherung, Veränderung und Nutzung von Sozialdaten zu anderen Zwecken beschäftigt sich § 67c SGB X. Danach ist dies zulässig, wenn sie zur Erfüllung der in der Zuständigkeit des Verantwortlichen liegenden gesetzlichen Aufgaben nach diesem Gesetzbuch erforderlich ist und für die Zwecke erfolgt, für die die Daten erhoben worden sind.

Ganz neu wurde Ende 2025 mit Einfügung eines neuen Absatz 3 in § 67c SGB X eine einheitliche Rechtsgrundlage für die Speicherung, Veränderung und Nutzung von Sozialdaten zum Zwecke des Entwickelns von KI-Modellen und KI-Systemen geschaffen.

Die Vorschrift erlaubt allen öffentlichen oder beauftragten Stellen, die Sozialleistungen nach dem SGB erbringen oder verwalten (§ 35 SGB I), Sozialdaten für KI-Entwicklungszwecke zu verarbeiten – innerhalb ihrer gesetzlichen Aufgaben und unter strengen Datenschutzauflagen. Damit wird der Einsatz von KI im Sozialrecht rechtlich ermöglicht, ohne das Sozialgeheimnis aufzuheben.

Zulässigkeit der Datenübermittlung

Die Übermittlung von Sozialdaten an Dritte ist nur zulässig, wenn eine gesetzliche Übermittlungsbefugnis im SGB X besteht. Verantwortlich für die Rechtmäßigkeit der Übermittlung ist die übermittelnde Stelle. Erfolgt die Übermittlung auf Ersuchen eines Dritten, trägt dieser die Verantwortung für die Richtigkeit der Angaben in seinem Ersuchen.

Die Übermittlung von Sozialdaten mittels maschinell verwertbarer Datenträger oder im Wege der Datenübertragung ist auch über Vermittlungsstellen zulässig, wenn diese im Rahmen einer Auftragsverarbeitung handeln (§ 67d Abs. 3 SGB X).

Die §§ 67e bis 75 SGB X regeln zahlreiche Ausnahmen, unter denen die Datenübermittlung erlaubt ist. Die wesentlichen sind nachfolgend aufgelistet:

Gesetzliche Offenbarungsbefugnis:

- §67e SGB X, Erhebung und Übermittlung zur Bekämpfung von Leistungsmissbrauch und illegaler Ausländerbeschäftigung
- §68 SGB X, Übermittlung für Aufgaben der Polizeibehörden, der Staatsanwaltschaften, Gerichte und der Behörden der Gefahrenabwehr
- §69 SGB X, Übermittlung für die Erfüllung sozialer Aufgaben
- §71 SGB X, Übermittlung für die Erfüllung besonderer gesetzlicher Pflichten und Mitteilungsbefugnisse
- §72 SGB X, Übermittlung für den Schutz der inneren und äußeren Sicherheit
- §73 SGB X, Übermittlung für die Durchführung eines Strafverfahrens
- §74 SGB X, Übermittlung bei Verletzung der Unterhaltspflicht und beim Versorgungsausgleich

Beispiel:

Als Beispiel sei hier die Übermittlung der Sozialdaten für die Durchführung eines Strafverfahrens herausgegriffen:

1. Sozialdaten dürfen nur auf richterliche Anordnung übermittelt werden (§73 Abs. 3 SGB X).
2. Die Übermittlung ist zulässig, wenn sie zur Durchführung eines Strafverfahrens wegen eines Verbrechens oder einer sonstigen Straftat von erheblicher Bedeutung erforderlich ist (§73 Abs. 1 SGB X).
3. Für Strafverfahren wegen anderer Straftaten ist die Übermittlung auf bestimmte Angaben nach §72 Abs. 1 Satz 2 (Name, Geburtsdatum, Anschriften, Arbeitgeber) sowie Angaben über erbrachte oder bevorstehende Geldleistungen beschränkt (§73 Abs. 2 SGB X).

Einschränkung der Übermittlungsbefugnis

§76 SGB X schränkt die Übermittlungsbefugnisse bei besonders schutzwürdigen Sozialdaten ein, wie etwa Daten, die von Ärzten oder anderen besonders geschützten Personen übermittelt werden. Hier ist die Übermittlung nur zulässig, wenn die übermittelnde Stelle dieselben Bedingungen erfüllt wie die Ursprungsstelle. Ausnahmen sind in §76 Abs. 2 SGB X geregelt.

Die Übermittlung ins Ausland und an internationale Organisationen regelt §77 SGB X.

Die Erteilung eines Auftrags im Sinne des Art. 28 der Verordnung (EU) 2016/679 zur Verarbeitung von Sozialdaten ist nur zulässig, wenn der Verantwortliche seiner Rechts- oder Fachaufsichtsbehörde rechtzeitig vor der Auftragserteilung

- den Auftragsverarbeiter sowie die bei diesem vorhandenen technischen und organisatorischen Maßnahmen und ergänzenden Weisungen,
- die Art der Daten, die im Auftrag verarbeitet werden sollen, und den Kreis der betroffenen Personen,
- die Aufgabe, zu deren Erfüllung die Verarbeitung der Daten im Auftrag erfolgen soll, sowie
- den Abschluss von etwaigen Unterauftragsverhältnissen

schriftlich oder elektronisch anzeigt.

Soll eine öffentliche Stelle mit der Verarbeitung von Sozialdaten beauftragt werden, hat diese rechtzeitig vor der Auftragserteilung die beabsichtigte Beauftragung ihrer Rechts- oder Fachaufsichtsbehörde schriftlich oder elektronisch anzuzeigen, vgl. §80 Abs. 1 Satz 2 SGB X.

9 Zusammenarbeit der Leistungsträger untereinander und mit Dritten

Grundsätze der Zusammenarbeit

In den §§ 87 bis 101a SGB X werden die einzelnen Inhalte zur Zusammenarbeit der Leistungsträger untereinander und mit Dritten näher definiert. § 94 SGB X beschäftigt sich mit den Befugnissen bestimmter Arbeitsgemeinschaften und der Bildung von Arbeitsgemeinschaften. § 97 SGB X regelt die Möglichkeit, Aufgaben der Leistungsträger durch Dritte wahrnehmen zu lassen.

Von besonderer Bedeutung ist in diesem Zusammenhang § 96 SGB X. Veranlasst danach ein Leistungsträger eine ärztliche Untersuchung um festzustellen, ob die Voraussetzungen für eine bestimmte Sozialleistung (Anspruchsvoraussetzungen für eine Erwerbsminderungsrente durch den Rentenversicherungsträger) erfüllt sind, soll dies in der Art und Weise geschehen und dessen Ergebnisse so festgehalten werden, dass sie auch bei der Prüfung der Voraussetzungen für andere Sozialleistungen verwendet werden können.

Wichtig: Durch Vereinbarungen haben die Leistungsträger sicherzustellen, dass Untersuchungen unterbleiben, soweit bereits verwertbare Untersuchungsergebnisse vorliegen.

Die Bildung einer Zentraldatei mehrerer Leistungsträger für Daten der ärztlich untersuchten Leistungsempfänger ist nicht zulässig.

Auskunftspflichten

Die Auskunftspflichten der Leistungsberechtigten im Zusammenhang mit Ihren Leistungsansprüchen sind in § 60 SGB I geregelt.

In den §§ 98 bis 101a SGB X werden die Auskunftspflichten anderer Stellen bzw. Personen gesetzlich beschrieben.

§ 98 SGB X befasst sich mit der Auskunftspflicht von Arbeitgebern, die sich allerdings nicht nur auf die Feststellung von Leistungsansprüchen (z. B. Verdienstbescheinigung für die Krankengeldberechnung), sondern auch auf die Auskunftspflicht im Rahmen der Beitragsberechnung erstreckt.

In § 99 SGB X wird die Auskunftspflicht von Angehörigen, Unterhaltspflichtigen oder sonstigen Personen behandelt. § 100 SGB X sieht die Auskunftspflicht des Arztes oder Angehörigen eines anderen Heilberufes gegenüber dem Leistungsträger vor. Im Gegenzug dazu behandelt § 101 SGB X die Auskunftspflicht der Leistungsträger auf Verlangen eines behandelnden Arztes. Untersuchungsbefunde, die für die Behandlung von Bedeutung sein können, sind mitzuteilen. Voraussetzung ist allerdings immer, dass der Betroffene in die Mitteilung eingewilligt hat.

Die Datenstelle der Rentenversicherung übermittelt die Mitteilungen aller Sterbefälle und Anschriftenänderungen und jede Änderung des Vor- und des Familiennamens unter den Voraussetzungen von § 196 Abs. 2 SGB VI und bei einer Eheschließung eines Einwohners das Datum dieser Eheschließung unter den Voraussetzungen von § 196 Abs. 2a SGB VI unverzüglich an die Deutsche Post AG.

Erstattungsansprüche der Leistungsträger untereinander

Die Erstattungsansprüche nach §§ 102 bis 105 SGB X sind eigenständige Ansprüche. Es geht kein in der Person des Versicherten entstandener Anspruch auf die Krankenkasse über, sondern es besteht ein eigenständiger Anspruch des Leistungsträgers, der Sozialleistungen erbracht hat, gegenüber dem Leistungsträger, der für die entsprechende Leistung zuständig ist.

Beispiel:

Ein Arbeitnehmer ist im laufenden Krankengeldbezug durch die Krankenkasse und der Rentenversicherungsträger bewilligt nun rückwirkend eine volle Erwerbsminderungsrente.

Der Umfang des Erstattungsanspruchs richtet sich nach den für den zuständigen Leistungsträger geltenden Rechtsvorschriften, also hier nach der Höhe der Rente bzw. des Übergangsgeldes.

9

Dadurch entfällt rückwirkend der Anspruch auf Krankengeld und die Krankenkasse hat einen Erstattungsanspruch nach § 103 SGB X in Höhe der Rente gegenüber dem Rentenversicherungsträger.

§ 105 SGB X stellt nicht darauf ab, aus welchen Gründen der unzuständige Leistungsträger eingetreten ist. Erstattungsansprüche ergeben sich immer dann, wenn ein nach geltendem Recht nicht zuständiger Leistungsträger irrtümlich Leistungen erbracht hat.

Beispiel:

- Eine Krankenkasse erbringt für einen Bezieher von Waisenrente Leistungen, weil ihr die Aufnahme eines versicherungspflichtigen Ausbildungsverhältnisses verspätet bekannt wird.

- Eine Krankenkasse erbringt in Unkenntnis des Vorliegens der rentenversicherungsrechtlichen Voraussetzungen Leistungen zur medizinischen Rehabilitation nach §40 SGB V.
- Ein Unfallversicherungsträger stellt nachträglich fest, dass ein Arbeitsunfall nicht vorgelegen hat.
- Eine Krankenkasse erbringt Leistungen in Unkenntnis der Tatsache, dass es sich um einen entschädigungspflichtigen Arbeitsunfall handelt.

Der Erstattungsanspruch nach § 105 SGB X ist grundsätzlich nicht ausgeschlossen, wenn der unzuständige Leistungsträger die irrtümliche Leistungsgewährung verschuldet hat. Dies schließt allerdings nicht ein, dass ein Leistungsträger von der gewissenhaften Prüfung seiner Zuständigkeit entbunden wäre. Werden Leistungen nämlich trotz Kenntnis des möglichen zuständigen Leistungsträgers erbracht, so kommt ein Erstattungsanspruch nicht in Betracht. Die insoweit von der Rechtsprechung entwickelten Grundsätze gelten sinngemäß weiter (vgl. u. a. BSG, Urt. v. 18.12.1974 – 2 RU 81/74; BSG, Urt. v. 15.11.1977 – 10 RV 99/76; BSG, Urt. v. 31.10.1978 – 4 RJ 30/78). Insofern ist es geboten, die eigene Zuständigkeit in sachgerechter Weise zu prüfen.

10 Gesetzliche Grundlagen

Zehntes Buch Sozialgesetzbuch – Sozialverwaltungsverfahren und Sozialdatenschutz – (SGB X)

in der Fassung der Bekanntmachung vom 18. Januar 2001 (BGBl. I S. 130)

Zuletzt geändert durch
Gesetz zur Anpassung des Sechsten Buches Sozialgesetzbuch und anderer Gesetze
(BT-Drucks. 21/1858)

Inhaltsübersicht

10

10

Erstes Kapitel
Verwaltungsverfahren

Erster Abschnitt
Anwendungsbereich, Zuständigkeit, Amtshilfe

§ 1 Anwendungsbereich

(1) 1Die Vorschriften dieses Kapitels gelten für die öffentlich-rechtliche Verwaltungstätigkeit der Behörden, die nach diesem Gesetzbuch ausgeübt wird. 2Für die öffentlich-rechtliche Verwaltungstätigkeit der Behörden der Länder, der Gemeinden und Gemeindeverbände, der sonstigen der Aufsicht des Landes unterstehenden juristischen Personen des öffentlichen Rechts zur Ausführung von besonderen Teilen dieses Gesetzbuches, die nach Inkrafttreten der Vorschriften dieses Kapitels Bestandteil des Sozialgesetzbuches werden, gilt dies nur, soweit diese besonderen Teile mit Zustimmung des Bundesrates die Vorschriften dieses Kapitels für anwendbar erklären. 3Die Vorschriften gelten nicht für die Verfolgung und Ahndung von Ordnungswidrigkeiten.

(2) Behörde im Sinne dieses Gesetzbuches ist jede Stelle, die Aufgaben der öffentlichen Verwaltung wahrnimmt.

§ 2 Örtliche Zuständigkeit

(1) 1Sind mehrere Behörden örtlich zuständig, entscheidet die Behörde, die zuerst mit der Sache befasst worden ist, es sei denn, die gemeinsame Aufsichtsbehörde bestimmt, dass eine andere örtlich zuständige Behörde zu entscheiden hat. 2Diese Aufsichtsbehörde entscheidet ferner über die örtliche Zuständigkeit, wenn sich mehrere Behörden für zuständig oder für unzuständig halten oder wenn die Zuständigkeit aus anderen Gründen zweifelhaft ist. 3Fehlt eine gemeinsame Aufsichtsbehörde, treffen die Aufsichtsbehörden die Entscheidung gemeinsam.

(2) Ändern sich im Lauf des Verwaltungsverfahrens die die Zuständigkeit begründenden Umstände, kann die bisher zuständige Behörde das Verwaltungsverfahren fortführen, wenn dies unter Wahrung der Interessen der Beteiligten der einfachen und zweckmäßigen Durchführung des Verfahrens dient und die nunmehr zuständige Behörde zustimmt.

(3) 1Hat die örtliche Zuständigkeit gewechselt, muss die bisher zuständige Behörde die Leistungen noch solange erbringen, bis sie von der nunmehr zuständigen Behörde fortgesetzt werden. 2Diese hat der bisher zuständigen Behörde die nach dem Zuständigkeitswechsel noch erbrachten Leistungen auf Anforderung zu erstatten. 3§ 102 Abs. 2 gilt entsprechend.

(4) 1Bei Gefahr im Verzug ist für unaufschiebbare Maßnahmen jede Behörde örtlich zuständig, in deren Bezirk der Anlass für die Amtshandlung hervortritt. 2Die nach den besonderen Teilen dieses Gesetzbuches örtlich zuständige Behörde ist unverzüglich zu unterrichten.

§ 3 Amtshilfepflicht

(1) Jede Behörde leistet anderen Behörden auf Ersuchen ergänzende Hilfe (Amtshilfe).

(2) Amtshilfe liegt nicht vor, wenn

1. Behörden einander innerhalb eines bestehenden Weisungsverhältnisses Hilfe leisten,
2. die Hilfeleistung in Handlungen besteht, die der ersuchten Behörde als eigene Aufgabe obliegen.

§ 4 Voraussetzungen und Grenzen der Amtshilfe

(1) Eine Behörde kann um Amtshilfe insbesondere dann ersuchen, wenn sie

1. aus rechtlichen Gründen die Amtshandlung nicht selbst vornehmen kann,
2. aus tatsächlichen Gründen, besonders weil die zur Vornahme der Amtshandlung erforderlichen Dienstkräfte oder Einrichtungen fehlen, die Amtshandlung nicht selbst vornehmen kann,
3. zur Durchführung ihrer Aufgaben auf die Kenntnis von Tatsachen angewiesen ist, die ihr unbekannt sind und die sie selbst nicht ermitteln kann,
4. zur Durchführung ihrer Aufgaben Urkunden oder sonstige Beweismittel benötigt, die sich im Besitz der ersuchten Behörde befinden,
5. die Amtshandlung nur mit wesentlich größerem Aufwand vornehmen könnte als die ersuchte Behörde.

(2) 1Die ersuchte Behörde darf Hilfe nicht leisten, wenn

1. sie hierzu aus rechtlichen Gründen nicht in der Lage ist,
2. durch die Hilfeleistung dem Wohl des Bundes oder eines Landes erhebliche Nachteile bereitet würden.

2Die ersuchte Behörde ist insbesondere zur Vorlage von Urkunden oder Akten sowie zur Erteilung von Auskünften nicht verpflichtet, wenn die Vorgänge nach einem Gesetz oder ihrem Wesen nach geheim gehalten werden müssen.

(3) Die ersuchte Behörde braucht Hilfe nicht zu leisten, wenn

1. eine andere Behörde die Hilfe wesentlich einfacher oder mit wesentlich geringerem Aufwand leisten kann,
2. sie die Hilfe nur mit unverhältnismäßig großem Aufwand leisten könnte,
3. sie unter Berücksichtigung der Aufgaben der ersuchenden Behörde durch die Hilfeleistung die Erfüllung ihrer eigenen Aufgaben ernstlich gefährden würde.

(4) Die ersuchte Behörde darf die Hilfe nicht deshalb verweigern, weil sie das Ersuchen aus anderen als den in Absatz 3 genannten Gründen oder weil sie die mit der Amtshilfe zu verwirklichende Maßnahme für unzweckmäßig hält.

(5) $_{1}$Hält die ersuchte Behörde sich zur Hilfe nicht für verpflichtet, teilt sie der ersuchenden Behörde ihre Auffassung mit. $_{2}$Besteht diese auf der Amtshilfe, entscheidet über die Verpflichtung zur Amtshilfe die gemeinsame Aufsichtsbehörde oder, sofern eine solche nicht besteht, die für die ersuchte Behörde zuständige Aufsichtsbehörde.

§ 5 Auswahl der Behörde

Kommen für die Amtshilfe mehrere Behörden in Betracht, soll nach Möglichkeit eine Behörde der untersten Verwaltungsstufe des Verwaltungszweiges ersucht werden, dem die ersuchende Behörde angehört.

§ 6 Durchführung der Amtshilfe

(1) Die Zulässigkeit der Maßnahme, die durch die Amtshilfe verwirklicht werden soll, richtet sich nach dem für die ersuchende Behörde, die Durchführung der Amtshilfe nach dem für die ersuchte Behörde geltenden Recht.

(2) $_{1}$Die ersuchende Behörde trägt gegenüber der ersuchten Behörde die Verantwortung für die Rechtmäßigkeit der zu treffenden Maßnahme. $_{2}$Die ersuchte Behörde ist für die Durchführung der Amtshilfe verantwortlich.

§ 7 Kosten der Amtshilfe

(1) $_{1}$Die ersuchende Behörde hat der ersuchten Behörde für die Amtshilfe keine Verwaltungsgebühr zu entrichten. $_{2}$Auslagen hat sie der ersuchten Behörde auf Anforderung zu erstatten, wenn sie im Einzelfall 35 Euro, bei Amtshilfe zwischen Versicherungsträgern 100 Euro übersteigen. $_{3}$Abweichende Vereinbarungen werden dadurch nicht berührt. $_{4}$Leisten Behörden desselben Rechtsträgers einander Amtshilfe, werden die Auslagen nicht erstattet.

(2) Nimmt die ersuchte Behörde zur Durchführung der Amtshilfe eine kostenpflichtige Amtshandlung vor, stehen ihr die von einem Dritten hierfür geschuldeten Kosten (Verwaltungsgebühren, Benutzungsgebühren und Auslagen) zu.

Zweiter Abschnitt
Allgemeine Vorschriften über das Verwaltungsverfahren

Erster Titel
Verfahrensgrundsätze

§ 8 Begriff des Verwaltungsverfahrens

Das Verwaltungsverfahren im Sinne dieses Gesetzbuches ist die nach außen wirkende Tätigkeit der Behörden, die auf die Prüfung der Voraussetzungen, die Vorbereitung und den Erlass eines Verwaltungsaktes oder auf den Abschluss eines öffentlich-rechtlichen Vertrages gerichtet ist; es schließt den Erlass des Verwaltungsaktes oder den Abschluss des öffentlich-rechtlichen Vertrages ein.

§ 9 Nichtförmlichkeit des Verwaltungsverfahrens

$_{1}$Das Verwaltungsverfahren ist an bestimmte Formen nicht gebunden, soweit keine besonderen Rechtsvorschriften für die Form des Verfahrens bestehen. $_{2}$Es ist einfach, zweckmäßig und zügig durchzuführen.

§ 10 Beteiligungsfähigkeit

Fähig, am Verfahren beteiligt zu sein, sind

1. natürliche und juristische Personen,
2. Vereinigungen, soweit ihnen ein Recht zustehen kann,
3. Behörden.

§ 11 Vornahme von Verfahrenshandlungen

(1) Fähig zur Vornahme von Verfahrenshandlungen sind

1. natürliche Personen, die nach bürgerlichem Recht geschäftsfähig sind,
2. natürliche Personen, die nach bürgerlichem Recht in der Geschäftsfähigkeit beschränkt sind, soweit sie für den Gegenstand des Verfahrens durch Vorschriften des bürgerlichen Rechts als geschäftsfähig oder durch Vorschriften des öffentlichen Rechts als handlungsfähig anerkannt sind,
3. juristische Personen und Vereinigungen (§ 10 Nr. 2) durch ihre gesetzlichen Vertreter oder durch besonders Beauftragte,
4. Behörden durch ihre Leiter, deren Vertreter oder Beauftragte.

(2) Betrifft ein Einwilligungsvorbehalt nach § 1825 des Bürgerlichen Gesetzbuches den Gegenstand des Verfahrens, so ist ein geschäftsfähiger Betreuter nur insoweit zur Vornahme von Verfahrenshandlungen fähig, als er nach den Vorschriften des bürgerlichen Rechts ohne Einwilligung des Betreuers handeln kann oder durch Vorschriften des öffentlichen Rechts als handlungsfähig anerkannt ist.

(3) Die §§ 53 und 55 der Zivilprozessordnung gelten entsprechend.

§ 12 Beteiligte

(1) Beteiligte sind

1. Antragsteller und Antragsgegner,
2. diejenigen, an die die Behörde den Verwaltungsakt richten will oder gerichtet hat,
3. diejenigen, mit denen die Behörde einen öffentlich-rechtlichen Vertrag schließen will oder geschlossen hat,
4. diejenigen, die nach Absatz 2 von der Behörde zu dem Verfahren hinzugezogen worden sind.

(2) 1Die Behörde kann von Amts wegen oder auf Antrag diejenigen, deren rechtliche Interessen durch den Ausgang des Verfahrens berührt werden können, als Beteiligte hinzuziehen. 2Hat der Ausgang des Verfahrens rechtsgestaltende Wirkung für einen Dritten, ist dieser auf Antrag als Beteiligter zu dem Verfahren hinzuzuziehen; soweit er der Behörde bekannt ist, hat diese ihn von der Einleitung des Verfahrens zu benachrichtigen.

(3) Wer anzuhören ist, ohne dass die Voraussetzungen des Absatzes 1 vorliegen, wird dadurch nicht Beteiligter.

§ 13 Bevollmächtigte und Beistände

(1) 1Ein Beteiligter kann sich durch einen Bevollmächtigten vertreten lassen. 2Die Vollmacht ermächtigt zu allen das Verwaltungsverfahren betreffenden Verfahrenshandlungen, sofern sich aus ihrem Inhalt nicht etwas anderes ergibt. 3Der Bevollmächtigte hat auf Verlangen seine Vollmacht schriftlich nachzuweisen. 4Ein Widerruf der Vollmacht wird der Behörde gegenüber erst wirksam, wenn er ihr zugeht.

(2) Die Vollmacht wird weder durch den Tod des Vollmachtgebers noch durch eine Veränderung in seiner Handlungsfähigkeit oder seiner gesetzlichen Vertretung aufgehoben; der Bevollmächtigte hat jedoch, wenn er für den Rechtsnachfolger im Verwaltungsverfahren auftritt, dessen Vollmacht auf Verlangen schriftlich beizubringen.

(3) 1Ist für das Verfahren ein Bevollmächtigter bestellt, muss sich die Behörde an ihn wenden. 2Sie kann sich an den Beteiligten selbst wenden, soweit er zur Mitwirkung verpflichtet ist. 3Wendet sich die Behörde an den Beteiligten, muss der Bevollmächtigte verständigt werden. 4Vorschriften über die Zustellung an Bevollmächtigte bleiben unberührt.

(4) 1Ein Beteiligter kann zu Verhandlungen und Besprechungen mit einem Beistand erscheinen. 2Das von dem Beistand Vorgetragene gilt als von dem Beteiligten vorgebracht, soweit dieser nicht unverzüglich widerspricht.

(5) Bevollmächtigte und Beistände sind zurückzuweisen, wenn sie entgegen § 3 des Rechtsdienstleistungsgesetzes Rechtsdienstleistungen erbringen.

(6) 1Bevollmächtigte und Beistände können vom Vortrag zurückgewiesen werden, wenn sie hierzu ungeeignet sind; vom mündlichen Vortrag können sie nur zurückgewiesen werden, wenn sie zum sachgemäßen Vortrag nicht fähig sind. 2Nicht zurückgewiesen werden können Personen, die nach § 73 Abs. 2 Satz 1 und 2 Nr. 3 bis 9 des Sozialgerichtsgesetzes zur Vertretung im sozialgerichtlichen Verfahren befugt sind.

(7) 1Die Zurückweisung nach den Absätzen 5 und 6 ist auch dem Beteiligten, dessen Bevollmächtigter oder Beistand zurückgewiesen wird, schriftlich mitzuteilen. 2Verfahrenshandlungen des zurückgewiesenen Bevollmächtigten oder Beistandes, die dieser nach der Zurückweisung vornimmt, sind unwirksam.

§ 14 Bestellung eines Empfangsbevollmächtigten

1Ein Beteiligter ohne Wohnsitz oder gewöhnlichen Aufenthalt, Sitz oder Geschäftsleitung im Inland hat der Behörde auf Verlangen innerhalb einer angemessenen Frist einen Empfangsbevollmächtigten im Inland zu benennen. 2Unterlässt er dies, gilt ein an ihn gerichtetes Schriftstück am siebenten Tage nach der Aufgabe zur Post und ein elektronisch übermitteltes Dokument am vierten Tage nach der Absendung als zugegangen. 3Dies gilt nicht, wenn feststeht, dass das Dokument den Empfänger nicht oder zu einem späteren Zeitpunkt erreicht hat. 4Auf die Rechtsfolgen der Unterlassung ist der Beteiligte hinzuweisen.

§ 15 Bestellung eines Vertreters von Amts wegen

(1) Ist ein Vertreter nicht vorhanden, hat das Gericht auf Ersuchen der Behörde einen geeigneten Vertreter zu bestellen

1. für einen Beteiligten, dessen Person unbekannt ist,
2. für einen abwesenden Beteiligten, dessen Aufenthalt unbekannt ist oder der an der Besorgung seiner Angelegenheiten verhindert ist,
3. für einen Beteiligten ohne Aufenthalt im Inland, wenn er der Aufforderung der Behörde, einen Vertreter zu bestellen, innerhalb der ihm gesetzten Frist nicht nachgekommen ist,
4. für einen Beteiligten, der infolge einer psychischen Krankheit oder körperlichen, geistigen oder seelischen Behinderung nicht in der Lage ist, in dem Verwaltungsverfahren selbst tätig zu werden.

(2) 1Für die Bestellung des Vertreters ist in den Fällen des Absatzes 1 Nr. 4 das Betreuungsgericht

zuständig, in dessen Bezirk der Beteiligte seinen gewöhnlichen Aufenthalt hat; im Übrigen ist das Betreuungsgericht zuständig, in dessen Bezirk die ersuchende Behörde ihren Sitz hat. $_{2}$Ist der Beteiligte minderjährig, tritt an die Stelle des Betreuungsgerichts das Familiengericht.

(3) $_{1}$Der Vertreter hat gegen den Rechtsträger der Behörde, die um seine Bestellung ersucht hat, Anspruch auf eine angemessene Vergütung und auf die Erstattung seiner baren Auslagen. $_{2}$Die Behörde kann von dem Vertretenen Ersatz ihrer Aufwendungen verlangen. $_{3}$Sie bestimmt die Vergütung und stellt die Auslagen und Aufwendungen fest.

(4) Im Übrigen gelten für die Bestellung und für das Amt des Vertreters in den Fällen des Absatzes 1 Nr. 4 die Vorschriften über die Betreuung, in den übrigen Fällen die Vorschriften über die sonstige Pflegschaft entsprechend.

§ 16 Ausgeschlossene Personen

(1) $_{1}$In einem Verwaltungsverfahren darf für eine Behörde nicht tätig werden,

1. wer selbst Beteiligter ist,
2. wer Angehöriger eines Beteiligten ist,
3. wer einen Beteiligten kraft Gesetzes oder Vollmacht allgemein oder in diesem Verwaltungsverfahren vertritt oder als Beistand zugezogen ist,
4. wer Angehöriger einer Person ist, die einen Beteiligten in diesem Verfahren vertritt,
5. wer bei einem Beteiligten gegen Entgelt beschäftigt ist oder bei ihm als Mitglied des Vorstandes, des Aufsichtsrates oder eines gleichartigen Organs tätig ist; dies gilt nicht für den, dessen Anstellungskörperschaft Beteiligte ist, und nicht für Beschäftigte bei Betriebskrankenkassen,
6. wer außerhalb seiner amtlichen Eigenschaft in der Angelegenheit ein Gutachten abgegeben hat oder sonst tätig geworden ist.

$_{2}$Dem Beteiligten steht gleich, wer durch die Tätigkeit oder durch die Entscheidung einen unmittelbaren Vorteil oder Nachteil erlangen kann. $_{3}$Dies gilt nicht, wenn der Vor- oder Nachteil nur darauf beruht, dass jemand einer Berufs- oder Bevölkerungsgruppe angehört, deren gemeinsame Interessen durch die Angelegenheit berührt werden.

(2) $_{1}$Absatz 1 gilt nicht für Wahlen zu einer ehrenamtlichen Tätigkeit und für die Abberufung von ehrenamtlich Tätigen. $_{2}$Absatz 1 Nr. 3 und 5 gilt auch nicht für das Verwaltungsverfahren auf Grund der Beziehungen zwischen Ärzten, Zahnärzten und Krankenkassen.

(3) Wer nach Absatz 1 ausgeschlossen ist, darf bei Gefahr im Verzug unaufschiebbare Maßnahmen treffen.

(4) $_{1}$Hält sich ein Mitglied eines Ausschusses oder Beirats für ausgeschlossen oder bestehen Zweifel, ob die Voraussetzungen des Absatzes 1 gegeben sind, ist dies dem Ausschuss oder Beirat mitzuteilen. $_{2}$Der Ausschuss oder Beirat entscheidet über den Ausschluss. $_{3}$Der Betroffene darf an dieser Entscheidung nicht mitwirken. $_{4}$Das ausgeschlossene Mitglied darf bei der weiteren Beratung und Beschlussfassung nicht zugegen sein.

(5) $_{1}$Angehörige im Sinne des Absatzes 1 Nr. 2 und 4 sind

1. der Verlobte,
2. der Ehegatte oder Lebenspartner,
3. Verwandte und Verschwägerte gerader Linie,
4. Geschwister,
5. Kinder der Geschwister,
6. Ehegatten oder Lebenspartner der Geschwister und Geschwister der Ehegatten oder Lebenspartner,
7. Geschwister der Eltern,
8. Personen, die durch ein auf längere Dauer angelegtes Pflegeverhältnis mit häuslicher Gemeinschaft wie Eltern und Kind miteinander verbunden sind (Pflegeeltern und Pflegekinder).

$_{2}$Angehörige sind die in Satz 1 aufgeführten Personen auch dann, wenn

1. in den Fällen der Nummern 2, 3 und 6 die die Beziehung begründende Ehe oder Lebenspartnerschaft nicht mehr besteht,
2. in den Fällen der Nummern 3 bis 7 die Verwandtschaft oder Schwägerschaft durch Annahme als Kind erloschen ist,
3. im Falle der Nummer 8 die häusliche Gemeinschaft nicht mehr besteht, sofern die Personen weiterhin wie Eltern und Kind miteinander verbunden sind.

§ 17 Besorgnis der Befangenheit

(1) $_{1}$Liegt ein Grund vor, der geeignet ist, Misstrauen gegen eine unparteiische Amtsausübung zu rechtfertigen, oder wird von einem Beteiligten das Vorliegen eines solchen Grundes behauptet, hat, wer in einem Verwaltungsverfahren für eine Behörde tätig werden soll, den Leiter der Behörde oder den von diesem Beauftragten zu unterrichten und sich auf dessen Anordnung der Mitwirkung zu enthalten. $_{2}$Betrifft die Besorgnis der Befangenheit den Leiter der Behörde, trifft diese Anordnung die Aufsichtsbehörde, sofern sich der Behördenleiter nicht selbst einer Mitwirkung enthält. $_{3}$Bei den Geschäftsführern der Versicherungsträger tritt an die Stelle der Aufsichtsbehörde der Vorstand.

(2) Für Mitglieder eines Ausschusses oder Beirats gilt § 16 Abs. 4 entsprechend.

§ 18 Beginn des Verfahrens

1Die Behörde entscheidet nach pflichtgemäßem Ermessen, ob und wann sie ein Verwaltungsverfahren durchführt. 2Dies gilt nicht, wenn die Behörde auf Grund von Rechtsvorschriften

1. von Amts wegen oder auf Antrag tätig werden muss,
2. nur auf Antrag tätig werden darf und ein Antrag nicht vorliegt.

§ 19 Amtssprache

(1) 1Die Amtssprache ist deutsch. 2Menschen mit Hörbehinderungen und Menschen mit Sprachbehinderungen haben das Recht, in Deutscher Gebärdensprache, mit lautsprachbegleitenden Gebärden oder über andere geeignete Kommunikationshilfen zu kommunizieren; Kosten für Kommunikationshilfen sind von der Behörde oder dem für die Sozialleistung zuständigen Leistungsträger zu tragen. 3§ 5 der Kommunikationshilfenverordnung in der jeweils geltenden Fassung gilt entsprechend.

(1a) § 11 des Behindertengleichstellungsgesetzes gilt in seiner jeweils geltenden Fassung für das Sozialverwaltungsverfahren entsprechend.

(2) 1Werden bei einer Behörde in einer fremden Sprache Anträge gestellt oder Eingaben, Belege, Urkunden oder sonstige Dokumente vorgelegt, soll die Behörde unverzüglich die Vorlage einer Übersetzung innerhalb einer von ihr zu setzenden angemessenen Frist verlangen, sofern sie nicht in der Lage ist, die Anträge oder Schriftstücke zu verstehen. 2In begründeten Fällen kann die Vorlage einer beglaubigten oder von einem öffentlich bestellten oder beeidigten Dolmetscher oder Übersetzer angefertigten Übersetzung verlangt werden. 3Wird die verlangte Übersetzung nicht innerhalb der gesetzten Frist vorgelegt, kann die Behörde eine Übersetzung beschaffen und hierfür Ersatz ihrer Aufwendungen in angemessenem Umfang verlangen. 4Falls die Behörde Dolmetscher oder Übersetzer herangezogen hat, die nicht Kommunikationshilfe im Sinne von Absatz 1 Satz 2 sind, erhalten sie auf Antrag in entsprechender Anwendung des Justizvergütungs- und -entschädigungsgesetzes eine Vergütung; mit Dolmetschern oder Übersetzern kann die Behörde eine Vergütung vereinbaren.

(3) Soll durch eine Anzeige, einen Antrag oder die Abgabe einer Willenserklärung eine Frist in Lauf gesetzt werden, innerhalb deren die Behörde in einer bestimmten Weise tätig werden muss, und gehen diese in einer fremden Sprache ein, beginnt der Lauf der Frist erst mit dem Zeitpunkt, in dem der Behörde eine Übersetzung vorliegt.

(4) 1Soll durch eine Anzeige, einen Antrag oder eine Willenserklärung, die in fremder Sprache eingehen, zugunsten eines Beteiligten eine Frist gegenüber der Behörde gewahrt, ein öffentlich-rechtlicher Anspruch geltend gemacht oder eine Sozialleistung begehrt werden, gelten die Anzeige, der Antrag oder die Willenserklärung als zum Zeitpunkt des Eingangs bei der Behörde abgegeben, wenn die Behörde in der Lage ist, die Anzeige, den Antrag oder die Willenserklärung zu verstehen, oder wenn innerhalb der gesetzten Frist eine Übersetzung vorgelegt wird. 2Anderenfalls ist der Zeitpunkt des Eingangs der Übersetzung maßgebend. 3Auf diese Rechtsfolge ist bei der Fristsetzung hinzuweisen.

§ 20 Untersuchungsgrundsatz

(1) 1Die Behörde ermittelt den Sachverhalt von Amts wegen. 2Sie bestimmt Art und Umfang der Ermittlungen; an das Vorbringen und an die Beweisanträge der Beteiligten ist sie nicht gebunden.

(2) Die Behörde hat alle für den Einzelfall bedeutsamen, auch die für die Beteiligten günstigen Umstände zu berücksichtigen.

(3) Die Behörde darf die Entgegennahme von Erklärungen oder Anträgen, die in ihren Zuständigkeitsbereich fallen, nicht deshalb verweigern, weil sie die Erklärung oder den Antrag in der Sache für unzulässig oder unbegründet hält.

§ 21 Beweismittel

(1) 1Die Behörde bedient sich der Beweismittel, die sie nach pflichtgemäßem Ermessen zur Ermittlung des Sachverhalts für erforderlich hält. 2Sie kann insbesondere

1. Auskünfte jeder Art, auch elektronisch und als elektronisches Dokument, einholen,
2. Beteiligte anhören, Zeugen und Sachverständige vernehmen oder die schriftliche oder elektronische Äußerung von Beteiligten, Sachverständigen und Zeugen einholen,
3. Urkunden und Akten beiziehen,
4. den Augenschein einnehmen.

3Urkunden und Akten können auch in elektronischer Form beigezogen werden, es sei denn, durch Rechtsvorschrift ist etwas anderes bestimmt.

(2) 1Die Beteiligten sollen bei der Ermittlung des Sachverhalts mitwirken. 2Sie sollen insbesondere ihnen bekannte Tatsachen und Beweismittel angeben. 3Eine weitergehende Pflicht, bei der Ermittlung des Sachverhalts mitzuwirken, insbesondere eine Pflicht zum persönlichen Erscheinen oder zur Aussage, besteht nur, soweit sie durch Rechtsvorschrift besonders vorgesehen ist.

(3) 1Für Zeugen und Sachverständige besteht eine Pflicht zur Aussage oder zur Erstattung von Gutachten, wenn sie durch Rechtsvorschrift vorgesehen ist. 2Eine solche Pflicht besteht auch dann,

wenn die Aussage oder die Erstattung von Gutachten im Rahmen von § 407 der Zivilprozessordnung zur Entscheidung über die Entstehung, Erbringung, Fortsetzung, das Ruhen, die Entziehung oder den Wegfall einer Sozialleistung sowie deren Höhe unabweisbar ist. $_{3}$Die Vorschriften der Zivilprozessordnung über das Recht, ein Zeugnis oder ein Gutachten zu verweigern, über die Ablehnung von Sachverständigen sowie über die Vernehmung von Angehörigen des öffentlichen Dienstes als Zeugen oder Sachverständige gelten entsprechend. $_{4}$Falls die Behörde Zeugen, Sachverständige und Dritte herangezogen hat, erhalten sie auf Antrag in entsprechender Anwendung des Justizvergütungs- und -entschädigungsgesetzes eine Entschädigung oder Vergütung; mit Sachverständigen kann die Behörde eine Vergütung vereinbaren.

(4) Die Finanzbehörden haben, soweit es im Verfahren nach diesem Gesetzbuch erforderlich ist, Auskunft über die ihnen bekannten Einkommens- oder Vermögensverhältnisse des Antragstellers, Leistungsempfängers, Erstattungspflichtigen, Unterhaltsverpflichteten, Unterhaltsberechtigten oder der zum Haushalt rechnenden Familienmitglieder zu erteilen.

§ 22 Vernehmung durch das Sozial- oder Verwaltungsgericht

(1) $_{1}$Verweigern Zeugen oder Sachverständige in den Fällen des § 21 Abs. 3 ohne Vorliegen eines der in den §§ 376, 383 bis 385 und 408 der Zivilprozessordnung bezeichneten Gründe die Aussage oder die Erstattung des Gutachtens, kann die Behörde je nach dem gegebenen Rechtsweg das für den Wohnsitz oder den Aufenthaltsort des Zeugen oder des Sachverständigen zuständige Sozial- oder Verwaltungsgericht um die Vernehmung ersuchen. $_{2}$Befindet sich der Wohnsitz oder der Aufenthaltsort des Zeugen oder des Sachverständigen nicht am Sitz eines Sozial- oder Verwaltungsgerichts oder einer Zweigstelle eines Sozialgerichts oder einer besonders errichteten Kammer eines Verwaltungsgerichts, kann auch das zuständige Amtsgericht um die Vernehmung ersucht werden. $_{3}$In dem Ersuchen hat die Behörde den Gegenstand der Vernehmung darzulegen sowie die Namen und Anschriften der Beteiligten anzugeben. $_{4}$Das Gericht hat die Beteiligten von den Beweisterminen zu benachrichtigen.

(2) Hält die Behörde mit Rücksicht auf die Bedeutung der Aussage eines Zeugen oder des Gutachtens eines Sachverständigen oder zur Herbeiführung einer wahrheitsgemäßen Aussage die Beeidigung für geboten, kann sie das nach Absatz 1 zuständige Gericht um die eidliche Vernehmung ersuchen.

(3) Das Gericht entscheidet über die Rechtmäßigkeit einer Verweigerung des Zeugnisses, des Gutachtens oder der Eidesleistung.

(4) Ein Ersuchen nach Absatz 1 oder 2 an das Gericht darf nur von dem Behördenleiter, seinem allgemeinen Vertreter oder einem Angehörigen des öffentlichen Dienstes gestellt werden, der die Befähigung zum Richteramt hat.

§ 23 Glaubhaftmachung, Versicherung an Eides statt

(1) $_{1}$Sieht eine Rechtsvorschrift vor, dass für die Feststellung der erheblichen Tatsachen deren Glaubhaftmachung genügt, kann auch die Versicherung an Eides statt zugelassen werden. $_{2}$Eine Tatsache ist dann als glaubhaft anzusehen, wenn ihr Vorliegen nach dem Ergebnis der Ermittlungen, die sich auf sämtliche erreichbaren Beweismittel erstrecken sollen, überwiegend wahrscheinlich ist.

(2) $_{1}$Die Behörde darf bei der Ermittlung des Sachverhalts eine Versicherung an Eides statt nur verlangen und abnehmen, wenn die Abnahme der Versicherung über den betreffenden Gegenstand und in dem betreffenden Verfahren durch Gesetz oder Rechtsverordnung vorgesehen und die Behörde durch Rechtsvorschrift für zuständig erklärt worden ist. $_{2}$Eine Versicherung an Eides statt soll nur gefordert werden, wenn andere Mittel zur Erforschung der Wahrheit nicht vorhanden sind, zu keinem Ergebnis geführt haben oder einen unverhältnismäßigen Aufwand erfordern. $_{3}$Von eidesunfähigen Personen im Sinne des § 393 der Zivilprozessordnung darf eine eidesstattliche Versicherung nicht verlangt werden.

(3) $_{1}$Wird die Versicherung an Eides statt von einer Behörde zur Niederschrift aufgenommen, sind zur Aufnahme nur der Behördenleiter, sein allgemeiner Vertreter sowie Angehörige des öffentlichen Dienstes befugt, welche die Befähigung zum Richteramt haben. $_{2}$Andere Angehörige des öffentlichen Dienstes kann der Behördenleiter oder sein allgemeiner Vertreter hierzu allgemein oder im Einzelfall schriftlich ermächtigen.

(4) $_{1}$Die Versicherung besteht darin, dass der Versichernde die Richtigkeit seiner Erklärung über den betreffenden Gegenstand bestätigt und erklärt: „Ich versichere an Eides statt, dass ich nach bestem Wissen die reine Wahrheit gesagt und nichts verschwiegen habe." $_{2}$Bevollmächtigte und Beistände sind berechtigt, an der Aufnahme der Versicherung an Eides statt teilzunehmen.

(5) $_{1}$Vor der Aufnahme der Versicherung an Eides statt ist der Versichernde über die Bedeutung der eidesstattlichen Versicherung und die strafrechtlichen Folgen einer unrichtigen oder unvollständigen

eidesstattlichen Versicherung zu belehren. 2Die Belehrung ist in der Niederschrift zu vermerken.

(6) 1Die Niederschrift hat ferner die Namen der anwesenden Personen sowie den Ort und den Tag der Niederschrift zu enthalten. 2Die Niederschrift ist demjenigen, der die eidesstattliche Versicherung abgibt, zur Genehmigung vorzulesen oder auf Verlangen zur Durchsicht vorzulegen. 3Die erteilte Genehmigung ist zu vermerken und von dem Versichernden zu unterschreiben. 4Die Niederschrift ist sodann von demjenigen, der die Versicherung an Eides statt aufgenommen hat, sowie von dem Schriftführer zu unterschreiben.

§ 24 Anhörung Beteiligter

(1) Bevor ein Verwaltungsakt erlassen wird, der in Rechte eines Beteiligten eingreift, ist diesem Gelegenheit zu geben, sich zu den für die Entscheidung erheblichen Tatsachen zu äußern.

(2) Von der Anhörung kann abgesehen werden, wenn

1. eine sofortige Entscheidung wegen Gefahr im Verzug oder im öffentlichen Interesse notwendig erscheint,
2. durch die Anhörung die Einhaltung einer für die Entscheidung maßgeblichen Frist in Frage gestellt würde,
3. von den tatsächlichen Angaben eines Beteiligten, die dieser in einem Antrag oder einer Erklärung gemacht hat, nicht zu seinen Ungunsten abgewichen werden soll,
4. Allgemeinverfügungen oder gleichartige Verwaltungsakte in größerer Zahl erlassen werden sollen,
5. einkommensabhängige Leistungen den geänderten Verhältnissen angepasst werden sollen,
6. Maßnahmen in der Verwaltungsvollstreckung getroffen werden sollen oder
7. gegen Ansprüche oder mit Ansprüchen von weniger als 70 Euro aufgerechnet oder verrechnet werden soll; Nummer 5 bleibt unberührt.

§ 25 Akteneinsicht durch Beteiligte

(1) 1Die Behörde hat den Beteiligten Einsicht in die das Verfahren betreffenden Akten zu gestatten, soweit deren Kenntnis zur Geltendmachung oder Verteidigung ihrer rechtlichen Interessen erforderlich ist. 2Satz 1 gilt bis zum Abschluss des Verwaltungsverfahrens nicht für Entwürfe zu Entscheidungen sowie die Arbeiten zu ihrer unmittelbaren Vorbereitung.

(2) 1Soweit die Akten Angaben über gesundheitliche Verhältnisse eines Beteiligten enthalten, kann die Behörde statt dessen den Inhalt der Akten dem Beteiligten durch einen Arzt vermitteln lassen. 2Sie soll den Inhalt der Akten durch einen Arzt vermitteln lassen, soweit zu befürchten ist, dass die Akteneinsicht dem Beteiligten einen unverhältnismäßigen Nachteil, insbesondere an der Gesundheit, zufügen würde. 3Soweit die Akten Angaben enthalten, die die Entwicklung und Entfaltung der Persönlichkeit des Beteiligten beeinträchtigen können, gelten die Sätze 1 und 2 mit der Maßgabe entsprechend, dass der Inhalt der Akten auch durch einen Bediensteten der Behörde vermittelt werden kann, der durch Vorbildung sowie Lebens- und Berufserfahrung dazu geeignet und befähigt ist. 4Das Recht nach Absatz 1 wird nicht beschränkt.

(3) Die Behörde ist zur Gestattung der Akteneinsicht nicht verpflichtet, soweit die Vorgänge wegen der berechtigten Interessen der Beteiligten oder dritter Personen geheim gehalten werden müssen.

(4) 1Die Akteneinsicht erfolgt bei der Behörde, die die Akten führt. 2Im Einzelfall kann die Einsicht auch bei einer anderen Behörde oder bei einer diplomatischen oder berufskonsularischen Vertretung der Bundesrepublik Deutschland im Ausland erfolgen; weitere Ausnahmen kann die Behörde, die die Akten führt, gestatten.

(5) 1Soweit die Akteneinsicht zu gestatten ist, können die Beteiligten Auszüge oder Abschriften selbst fertigen oder sich Ablichtungen durch die Behörde erteilen lassen. 2Soweit die Akteneinsicht in eine elektronische Akte zu gestatten ist, kann die Behörde Akteneinsicht gewähren, indem sie Unterlagen ganz oder teilweise ausdruckt, elektronische Dokumente auf einem Bildschirm wiedergibt, elektronische Dokumente zur Verfügung stellt oder den elektronischen Zugriff auf den Inhalt der Akte gestattet. 3Die Behörde kann Ersatz ihrer Aufwendungen in angemessenem Umfang verlangen.

Zweiter Titel
Fristen, Termine, Wiedereinsetzung

§ 26 Fristen und Termine

(1) Für die Berechnung von Fristen und für die Bestimmung von Terminen gelten die §§ 187 bis 193 des Bürgerlichen Gesetzbuches entsprechend, soweit nicht durch die Absätze 2 bis 5 etwas anderes bestimmt ist.

(2) Der Lauf einer Frist, die von einer Behörde gesetzt wird, beginnt mit dem Tag, der auf die Bekanntgabe der Frist folgt, außer wenn dem Betroffenen etwas anderes mitgeteilt wird.

(3) 1Fällt das Ende einer Frist auf einen Sonntag, einen gesetzlichen Feiertag oder einen Sonnabend, endet die Frist mit dem Ablauf des nächstfolgenden Werktages. 2Dies gilt nicht, wenn dem Betroffenen

unter Hinweis auf diese Vorschrift ein bestimmter Tag als Ende der Frist mitgeteilt worden ist.

(4) Hat eine Behörde Leistungen nur für einen bestimmten Zeitraum zu erbringen, endet dieser Zeitraum auch dann mit dem Ablauf seines letzten Tages, wenn dieser auf einen Sonntag, einen gesetzlichen Feiertag oder einen Sonnabend fällt.

(5) Der von einer Behörde gesetzte Termin ist auch dann einzuhalten, wenn er auf einen Sonntag, gesetzlichen Feiertag oder Sonnabend fällt.

(6) Ist eine Frist nach Stunden bestimmt, werden Sonntage, gesetzliche Feiertage oder Sonnabende mitgerechnet.

(7) 1Fristen, die von einer Behörde gesetzt sind, können verlängert werden. 2Sind solche Fristen bereits abgelaufen, können sie rückwirkend verlängert werden, insbesondere wenn es unbillig wäre, die durch den Fristablauf eingetretenen Rechtsfolgen bestehen zu lassen. 3Die Behörde kann die Verlängerung der Frist nach § 32 mit einer Nebenbestimmung verbinden.

§ 27 Wiedereinsetzung in den vorigen Stand

(1) 1War jemand ohne Verschulden verhindert, eine gesetzliche Frist einzuhalten, ist ihm auf Antrag Wiedereinsetzung in den vorigen Stand zu gewähren. 2Das Verschulden eines Vertreters ist dem Vertretenen zuzurechnen.

(2) 1Der Antrag ist innerhalb von zwei Wochen nach Wegfall des Hindernisses zu stellen. 2Die Tatsachen zur Begründung des Antrages sind bei der Antragstellung oder im Verfahren über den Antrag glaubhaft zu machen. 3Innerhalb der Antragsfrist ist die versäumte Handlung nachzuholen. 4Ist dies geschehen, kann Wiedereinsetzung auch ohne Antrag gewährt werden.

(3) Nach einem Jahr seit dem Ende der versäumten Frist kann die Wiedereinsetzung nicht mehr beantragt oder die versäumte Handlung nicht mehr nachgeholt werden, außer wenn dies vor Ablauf der Jahresfrist infolge höherer Gewalt unmöglich war.

(4) Über den Antrag auf Wiedereinsetzung entscheidet die Behörde, die über die versäumte Handlung zu befinden hat.

(5) Die Wiedereinsetzung ist unzulässig, wenn sich aus einer Rechtsvorschrift ergibt, dass sie ausgeschlossen ist.

§ 28 Wiederholte Antragstellung

1Hat ein Leistungsberechtigter von der Stellung eines Antrages auf eine Sozialleistung abgesehen, weil ein Anspruch auf eine andere Sozialleistung geltend gemacht worden ist, und wird diese Leistung versagt oder ist sie zu erstatten, wirkt der nunmehr nachgeholte Antrag bis zu einem Jahr zurück, wenn er innerhalb von sechs Monaten nach Ablauf des Monats gestellt ist, in dem die Ablehnung oder Erstattung der anderen Leistung bindend geworden ist. 2Satz 1 gilt auch dann, wenn der Antrag auf die zunächst geltend gemachte Sozialleistung zurückgenommen wird.

Absatz 1 gilt auch dann, wenn der rechtzeitige Antrag auf eine andere Leistung aus Unkenntnis über deren Anspruchsvoraussetzung unterlassen wurde und die zweite Leistung gegenüber der ersten Leistung, wenn diese erbracht worden wäre, nachrangig gewesen wäre.

Dritter Titel
Amtliche Beglaubigung

§ 29 Beglaubigung von Dokumenten

(1) 1Jede Behörde ist befugt, Abschriften von Urkunden, die sie selbst ausgestellt hat, zu beglaubigen. 2Darüber hinaus sind die von der Bundesregierung durch Rechtsverordnung bestimmten Behörden des Bundes, der bundesunmittelbaren Körperschaften, Anstalten und Stiftungen des öffentlichen Rechts und die nach Landesrecht zuständigen Behörden befugt, Abschriften zu beglaubigen, wenn die Urschrift von einer Behörde ausgestellt ist oder die Abschrift zur Vorlage bei einer Behörde benötigt wird, sofern nicht durch Rechtsvorschrift die Erteilung beglaubigter Abschriften aus amtlichen Registern und Archiven anderen Behörden ausschließlich vorbehalten ist; die Rechtsverordnung bedarf nicht der Zustimmung des Bundesrates.

(2) Abschriften dürfen nicht beglaubigt werden, wenn Umstände zu der Annahme berechtigen, dass der ursprüngliche Inhalt des Schriftstückes, dessen Abschrift beglaubigt werden soll, geändert worden ist, insbesondere wenn dieses Schriftstück Lücken, Durchstreichungen, Einschaltungen, Änderungen, unleserliche Wörter, Zahlen oder Zeichen, Spuren der Beseitigung von Wörtern, Zahlen und Zeichen enthält oder wenn der Zusammenhang eines aus mehreren Blättern bestehenden Schriftstückes aufgehoben ist.

(3) 1Eine Abschrift wird beglaubigt durch einen Beglaubigungsvermerk, der unter die Abschrift zu setzen ist. 2Der Vermerk muss enthalten

1. die genaue Bezeichnung des Schriftstückes, dessen Abschrift beglaubigt wird,
2. die Feststellung, dass die beglaubigte Abschrift mit dem vorgelegten Schriftstück übereinstimmt,
3. den Hinweis, dass die beglaubigte Abschrift nur zur Vorlage bei der angegebenen Behörde erteilt

10

wird, wenn die Urschrift nicht von einer Behörde ausgestellt worden ist,
4. den Ort und den Tag der Beglaubigung, die Unterschrift des für die Beglaubigung zuständigen Bediensteten und das Dienstsiegel.

(4) Die Absätze 1 bis 3 gelten entsprechend für die Beglaubigung von
1. Ablichtungen, Lichtdrucken und ähnlichen in technischen Verfahren hergestellten Vervielfältigungen,
2. auf fototechnischem Wege von Schriftstücken hergestellten Negativen, die bei einer Behörde aufbewahrt werden,
3. Ausdrucken elektronischer Dokumente,
4. elektronischen Dokumenten,
   a) die zur Abbildung eines Schriftstücks hergestellt wurden,
   b) die ein anderes technisches Format als das Ausgangsdokument, das verbunden ist mit einer qualifizierten elektronischen Signatur oder einem qualifizierten elektronischen Siegel einer Behörde, erhalten haben.

(5) 1Der Beglaubigungsvermerk muss zusätzlich zu den Angaben nach Absatz 3 Satz 2 bei der Beglaubigung
1. des Ausdrucks eines elektronischen Dokuments, das mit einer qualifizierten elektronischen Signatur oder einem qualifizierten elektronischen Siegel einer Behörde verbunden ist, die Feststellungen enthalten,
   a) wen die Signaturprüfung als Inhaber der Signatur oder welche Behörde die Signaturprüfung als Inhaber des Siegels ausweist,
   b) welchen Zeitpunkt die Signaturprüfung für die Anbringung der Signatur oder des Siegels ausweist und
   c) welche Zertifikate mit welchen Daten dieser Signatur oder diesem Siegel zugrunde lagen;
2. eines elektronischen Dokuments den Namen des für die Beglaubigung zuständigen Bediensteten und die Bezeichnung der Behörde, die die Beglaubigung vornimmt, enthalten; die Unterschrift des für die Beglaubigung zuständigen Bediensteten und das Dienstsiegel nach Absatz 3 Satz 2 Nummer 4 werden durch eine dauerhaft überprüfbare qualifizierte elektronische Signatur oder durch ein dauerhaft überprüfbares qualifiziertes elektronisches Siegel der Behörde ersetzt.

2Wird ein elektronisches Dokument, das ein anderes technisches Format erhalten hat als das Ausgangsdokument, das mit einer qualifizierten elektronischen Signatur oder einem qualifizierten elektronischen Siegel einer Behörde verbunden ist, nach Satz 1 Nummer 2 beglaubigt, so muss der Beglaubigungsvermerk zusätzlich die Feststellungen nach Satz 1 Nummer 1 für das Ausgangsdokument enthalten.

(6) Die nach Absatz 4 hergestellten Dokumente stehen, sofern sie beglaubigt sind, beglaubigten Abschriften gleich.

(7) Soweit eine Behörde über die technischen Möglichkeiten verfügt, kann sie von Urkunden, die sie selbst ausgestellt hat, auf Verlangen ein elektronisches Dokument nach Absatz 4 Nummer 4 Buchstabe a oder eine elektronische Abschrift fertigen und beglaubigen.

§ 30 Beglaubigung von Unterschriften

(1) 1Die von der Bundesregierung durch Rechtsverordnung bestimmten Behörden des Bundes, der bundesunmittelbaren Körperschaften, Anstalten und Stiftungen des öffentlichen Rechts und die nach Landesrecht zuständigen Behörden sind befugt, Unterschriften zu beglaubigen, wenn das unterzeichnete Schriftstück zur Vorlage bei einer Behörde oder bei einer sonstigen Stelle, der auf Grund einer Rechtsvorschrift das unterzeichnete Schriftstück vorzulegen ist, benötigt wird. 2Dies gilt nicht für
1. Unterschriften ohne zugehörigen Text,
2. Unterschriften, die der öffentlichen Beglaubigung (§ 129 des Bürgerlichen Gesetzbuches) bedürfen.

(2) Eine Unterschrift soll nur beglaubigt werden, wenn sie in Gegenwart des beglaubigenden Bediensteten vollzogen oder anerkannt wird.

(3) 1Der Beglaubigungsvermerk ist unmittelbar bei der Unterschrift, die beglaubigt werden soll, anzubringen. 2Er muss enthalten
1. die Bestätigung, dass die Unterschrift echt ist,
2. die genaue Bezeichnung desjenigen, dessen Unterschrift beglaubigt wird, sowie die Angabe, ob sich der für die Beglaubigung zuständige Bedienstete Gewissheit über diese Person verschafft hat und ob die Unterschrift in seiner Gegenwart vollzogen oder anerkannt worden ist,
3. den Hinweis, dass die Beglaubigung nur zur Vorlage bei der angegebenen Behörde oder Stelle bestimmt ist,
4. den Ort und den Tag der Beglaubigung, die Unterschrift des für die Beglaubigung zuständigen Bediensteten und das Dienstsiegel.

(4) Die Absätze 1 bis 3 gelten für die Beglaubigung von Handzeichen entsprechend.

(5) Die Rechtsverordnungen nach den Absätzen 1 und 4 bedürfen nicht der Zustimmung des Bundesrates.

Dritter Abschnitt
Verwaltungsakt

Erster Titel
Zustandekommen des Verwaltungsaktes

§ 31 Begriff des Verwaltungsaktes

₁Verwaltungsakt ist jede Verfügung, Entscheidung oder andere hoheitliche Maßnahme, die eine Behörde zur Regelung eines Einzelfalles auf dem Gebiet des öffentlichen Rechts trifft und die auf unmittelbare Rechtswirkung nach außen gerichtet ist. ₂Allgemeinverfügung ist ein Verwaltungsakt, der sich an einen nach allgemeinen Merkmalen bestimmten oder bestimmbaren Personenkreis richtet oder die öffentlich-rechtliche Eigenschaft einer Sache oder ihre Benutzung durch die Allgemeinheit betrifft.

§ 31a Vollständig automatisierter Erlass eines Verwaltungsaktes

₁Ein Verwaltungsakt kann vollständig durch automatische Einrichtungen erlassen werden, sofern kein Anlass besteht, den Einzelfall durch Amtsträger zu bearbeiten. ₂Setzt die Behörde automatische Einrichtungen zum Erlass von Verwaltungsakten ein, muss sie für den Einzelfall bedeutsame tatsächliche Angaben des Beteiligten berücksichtigen, die im automatischen Verfahren nicht ermittelt würden.

§ 32 Nebenbestimmungen zum Verwaltungsakt

(1) Ein Verwaltungsakt, auf den ein Anspruch besteht, darf mit einer Nebenbestimmung nur versehen werden, wenn sie durch Rechtsvorschrift zugelassen ist oder wenn sie sicherstellen soll, dass die gesetzlichen Voraussetzungen des Verwaltungsaktes erfüllt werden.

10

(2) Unbeschadet des Absatzes 1 darf ein Verwaltungsakt nach pflichtgemäßem Ermessen erlassen werden mit

1. einer Bestimmung, nach der eine Vergünstigung oder Belastung zu einem bestimmten Zeitpunkt beginnt, endet oder für einen bestimmten Zeitraum gilt (Befristung),
2. einer Bestimmung, nach der der Eintritt oder der Wegfall einer Vergünstigung oder eine Belastung von dem ungewissen Eintritt eines zukünftigen Ereignisses abhängt (Bedingung),
3. einem Vorbehalt des Widerrufs

oder verbunden werden mit

4. einer Bestimmung, durch die dem Begünstigten ein Tun, Dulden oder Unterlassen vorgeschrieben wird (Auflage),
5. einem Vorbehalt der nachträglichen Aufnahme, Änderung oder Ergänzung einer Auflage.

(3) Eine Nebenbestimmung darf dem Zweck des Verwaltungsaktes nicht zuwiderlaufen.

§ 33 Bestimmtheit und Form des Verwaltungsaktes

(1) Ein Verwaltungsakt muss inhaltlich hinreichend bestimmt sein.

(2) ₁Ein Verwaltungsakt kann schriftlich, elektronisch, mündlich oder in anderer Weise erlassen werden. ₂Ein mündlicher Verwaltungsakt ist schriftlich oder elektronisch zu bestätigen, wenn hieran ein berechtigtes Interesse besteht und der Betroffene dies unverzüglich verlangt. ₃Ein elektronischer Verwaltungsakt ist unter denselben Voraussetzungen schriftlich zu bestätigen; § 36a Absatz 2 und 2a des Ersten Buches findet insoweit keine Anwendung.

(3) ₁Ein schriftlicher oder elektronischer Verwaltungsakt muss die erlassende Behörde erkennen lassen und die Unterschrift oder die Namenswiedergabe des Behördenleiters, seines Vertreters oder seines Beauftragten enthalten. ₂Wird für einen Verwaltungsakt, für den durch Rechtsvorschrift die Schriftform angeordnet ist, die elektronische Form verwendet, muss auch das der Signatur zugrunde liegende qualifizierte Zertifikat oder ein zugehöriges qualifiziertes Attributzertifikat die erlassende Behörde erkennen lassen. ₃Im Fall des § 36a Absatz 2a Nummer 3 Buchstabe b des Ersten Buches erforderliche Siegel muss die Bestätigung nach § 5 Absatz 5 des De-Mail-Gesetzes die erlassende Behörde als Nutzer des De-Mail-Kontos erkennen lassen.

(4) Für einen Verwaltungsakt kann für die nach § 36a Absatz 2 des Ersten Buches erforderliche Signatur oder für das nach § 36a Absatz 2a Nummer 3 Buchstabe a des Ersten Buches erforderliche Siegel durch Rechtsvorschrift die dauerhafte Überprüfbarkeit vorgeschrieben werden.

(5) ₁Bei einem Verwaltungsakt, der mit Hilfe automatischer Einrichtungen erlassen wird, können abweichend von Absatz 3 Satz 1 Unterschrift und Namenswiedergabe fehlen; bei einem elektronischen Verwaltungsakt muss auch das der Signatur zugrunde liegende Zertifikat nur die erlassende Behörde erkennen lassen. ₂Zur Inhaltsangabe können Schlüsselzeichen verwendet werden, wenn derjenige, für den der Verwaltungsakt bestimmt ist oder der von ihm betroffen wird, auf Grund der dazu gegebenen Erläuterungen den Inhalt des Verwaltungsaktes eindeutig erkennen kann.

§ 34 Zusicherung

(1) ₁Eine von der zuständigen Behörde erteilte Zusage, einen bestimmten Verwaltungsakt später zu erlassen oder zu unterlassen (Zusicherung), bedarf zu ihrer Wirksamkeit der schriftlichen Form. ₂Ist vor dem Erlass des zugesicherten Verwaltungsaktes die

Anhörung Beteiligter oder die Mitwirkung einer anderen Behörde oder eines Ausschusses auf Grund einer Rechtsvorschrift erforderlich, darf die Zusicherung erst nach Anhörung der Beteiligten oder nach Mitwirkung dieser Behörde oder des Ausschusses gegeben werden.

(2) Auf die Unwirksamkeit der Zusicherung finden, unbeschadet des Absatzes 1 Satz 1, § 40, auf die Heilung von Mängeln bei der Anhörung Beteiligter und der Mitwirkung anderer Behörden oder Ausschüsse § 41 Abs. 1 Nr. 3 bis 6 sowie Abs. 2, auf die Rücknahme §§ 44 und 45, auf den Widerruf, unbeschadet des Absatzes 3, §§ 46 und 47 entsprechende Anwendung.

(3) Ändert sich nach Abgabe der Zusicherung die Sach- oder Rechtslage derart, dass die Behörde bei Kenntnis der nachträglich eingetretenen Änderung die Zusicherung nicht gegeben hätte oder aus rechtlichen Gründen nicht hätte geben dürfen, ist die Behörde an die Zusicherung nicht mehr gebunden.

§ 35 Begründung des Verwaltungsaktes

(1) $_1$Ein schriftlicher oder elektronischer sowie ein schriftlich oder elektronisch bestätigter Verwaltungsakt ist mit einer Begründung zu versehen. $_2$In der Begründung sind die wesentlichen tatsächlichen und rechtlichen Gründe mitzuteilen, die die Behörde zu ihrer Entscheidung bewogen haben. $_3$Die Begründung von Ermessensentscheidungen muss auch die Gesichtspunkte erkennen lassen, von denen die Behörde bei der Ausübung ihres Ermessens ausgegangen ist.

(2) Einer Begründung bedarf es nicht,

1. soweit die Behörde einem Antrag entspricht oder einer Erklärung folgt und der Verwaltungsakt nicht in Rechte eines anderen eingreift,
2. soweit demjenigen, für den der Verwaltungsakt bestimmt ist oder der von ihm betroffen wird, die Auffassung der Behörde über die Sach- und Rechtslage bereits bekannt oder auch ohne Begründung für ihn ohne weiteres erkennbar ist,
3. wenn die Behörde gleichartige Verwaltungsakte in größerer Zahl oder Verwaltungsakte mit Hilfe automatischer Einrichtungen erlässt und die Begründung nach den Umständen des Einzelfalles nicht geboten ist,
4. wenn sich dies aus einer Rechtsvorschrift ergibt,
5. wenn eine Allgemeinverfügung öffentlich bekannt gegeben wird.

(3) In den Fällen des Absatzes 2 Nr. 1 bis 3 ist der Verwaltungsakt schriftlich oder elektronisch zu begründen, wenn der Beteiligte, dem der Verwaltungsakt bekannt gegeben ist, es innerhalb eines Jahres seit Bekanntgabe verlangt.

§ 36 Rechtsbehelfsbelehrung

$_1$Erlässt die Behörde einen schriftlichen Verwaltungsakt oder bestätigt sie schriftlich einen Verwaltungsakt, ist der durch ihn beschwerte Beteiligte über den Rechtsbehelf und die Behörde oder das Gericht, bei denen der Rechtsbehelf anzubringen ist, deren Sitz, die einzuhaltende Frist und die Form schriftlich zu belehren. $_2$Erlässt die Behörde einen elektronischen Verwaltungsakt oder bestätigt sie elektronisch einen Verwaltungsakt, hat die Rechtsbehelfsbelehrung nach Satz 1 elektronisch zu erfolgen.

§ 37 Bekanntgabe des Verwaltungsaktes

(1) $_1$Ein Verwaltungsakt ist demjenigen Beteiligten bekannt zu geben, für den er bestimmt ist oder der von ihm betroffen wird. $_2$Ist ein Bevollmächtigter bestellt, kann die Bekanntgabe ihm gegenüber vorgenommen werden.

(2) $_1$Ein schriftlicher Verwaltungsakt, der im Inland durch die Post übermittelt wird, gilt am vierten Tag nach der Aufgabe zur Post als bekannt gegeben. $_2$Ein Verwaltungsakt, der im Inland oder Ausland elektronisch übermittelt wird, gilt am vierten Tag nach der Absendung als bekannt gegeben. $_3$Dies gilt nicht, wenn der Verwaltungsakt nicht oder zu einem späteren Zeitpunkt zugegangen ist; im Zweifel hat die Behörde den Zugang des Verwaltungsaktes und den Zeitpunkt des Zugangs nachzuweisen.

(2a) $_1$Mit Einwilligung des Beteiligten können elektronische Verwaltungsakte bekannt gegeben werden, indem sie dem Beteiligten zum Abruf über öffentlich zugängliche Netze bereitgestellt werden. $_2$Die Einwilligung kann jederzeit mit Wirkung für die Zukunft widerrufen werden. $_3$Die Behörde hat zu gewährleisten, dass der Abruf nur nach Authentifizierung der berechtigten Person möglich ist und der elektronische Verwaltungsakt von ihr gespeichert werden kann. $_4$Ein zum Abruf bereitgestellter Verwaltungsakt gilt am vierten Tag nach Absendung der elektronischen Benachrichtigung über die Bereitstellung des Verwaltungsaktes an die abrufberechtigte Person als bekannt gegeben. $_5$Im Zweifel hat die Behörde den Zugang der Benachrichtigung nachzuweisen. $_6$Kann die Behörde den von der abrufberechtigten Person bestrittenen Zugang der Benachrichtigung nicht nachweisen, gilt der Verwaltungsakt an dem Tag als bekannt gegeben, an dem die abrufberechtigte Person den Verwaltungsakt abgerufen hat. $_7$Das Gleiche gilt, wenn die abrufberechtigte Person unwiderlegbar vorträgt, die Benachrichtigung nicht innerhalb von vier Tagen nach der Absendung erhalten zu haben. $_8$Die Möglichkeit einer erneuten Bereitstellung zum Abruf oder der Bekanntgabe auf andere Weise bleibt unberührt.

(2b) In Angelegenheiten nach dem Abschnitt 1 des Bundeselterngeld- und Elternzeitgesetzes gilt abweichend von Absatz 2a für die Bekanntgabe von elektronischen Verwaltungsakten § 9 des Onlinezugangsgesetzes.

(3) $_1$Ein Verwaltungsakt darf öffentlich bekannt gegeben werden, wenn dies durch Rechtsvorschrift zugelassen ist. $_2$Eine Allgemeinverfügung darf auch dann öffentlich bekannt gegeben werden, wenn eine Bekanntgabe an die Beteiligten untunlich ist.

(4) $_1$Die öffentliche Bekanntgabe eines schriftlichen oder elektronischen Verwaltungsaktes wird dadurch bewirkt, dass sein verfügender Teil in der jeweils vorgeschriebenen Weise entweder ortsüblich oder in der sonst für amtliche Veröffentlichungen vorgeschriebenen Art bekannt gemacht wird. $_2$In der Bekanntmachung ist anzugeben, wo der Verwaltungsakt und seine Begründung eingesehen werden können. $_3$Der Verwaltungsakt gilt zwei Wochen nach der Bekanntmachung als bekannt gegeben. $_4$In einer Allgemeinverfügung kann ein hiervon abweichender Tag, jedoch frühestens der auf die Bekanntmachung folgende Tag bestimmt werden.

(5) Vorschriften über die Bekanntgabe eines Verwaltungsaktes mittels Zustellung bleiben unberührt.

§ 38 Offenbare Unrichtigkeit im Verwaltungsakt

$_1$Die Behörde kann Schreibfehler, Rechenfehler und ähnliche offenbare Unrichtigkeiten in einem Verwaltungsakt jederzeit berichtigen. $_2$Bei berechtigtem Interesse des Beteiligten ist zu berichtigen. $_3$Die Behörde ist berechtigt, die Vorlage des Dokumentes zu verlangen, das berichtigt werden soll.

Zweiter Titel
Bestandskraft des Verwaltungsaktes

§ 39 Wirksamkeit des Verwaltungsaktes

(1) $_1$Ein Verwaltungsakt wird gegenüber demjenigen, für den er bestimmt ist oder der von ihm betroffen wird, in dem Zeitpunkt wirksam, in dem er ihm bekannt gegeben wird. $_2$Der Verwaltungsakt wird mit dem Inhalt wirksam, mit dem er bekannt gegeben wird.

(2) Ein Verwaltungsakt bleibt wirksam, solange und soweit er nicht zurückgenommen, widerrufen, anderweitig aufgehoben oder durch Zeitablauf oder auf andere Weise erledigt ist.

(3) Ein nichtiger Verwaltungsakt ist unwirksam.

§ 40 Nichtigkeit des Verwaltungsaktes

(1) Ein Verwaltungsakt ist nichtig, soweit er an einem besonders schwerwiegenden Fehler leidet und dies bei verständiger Würdigung aller in Betracht kommenden Umstände offensichtlich ist.

(2) Ohne Rücksicht auf das Vorliegen der Voraussetzungen des Absatzes 1 ist ein Verwaltungsakt nichtig,

1. der schriftlich oder elektronisch erlassen worden ist, die erlassende Behörde aber nicht erkennen lässt,
2. der nach einer Rechtsvorschrift nur durch die Aushändigung einer Urkunde erlassen werden kann, aber dieser Form nicht genügt,
3. den aus tatsächlichen Gründen niemand ausführen kann,
4. der die Begehung einer rechtswidrigen Tat verlangt, die einen Straf- oder Bußgeldtatbestand verwirklicht,
5. der gegen die guten Sitten verstößt.

(3) Ein Verwaltungsakt ist nicht schon deshalb nichtig, weil

1. Vorschriften über die örtliche Zuständigkeit nicht eingehalten worden sind,
2. eine nach § 16 Abs. 1 Satz 1 Nr. 2 bis 6 ausgeschlossene Person mitgewirkt hat,
3. ein durch Rechtsvorschrift zur Mitwirkung berufener Ausschuss den für den Erlass des Verwaltungsaktes vorgeschriebenen Beschluss nicht gefasst hat oder nicht beschlussfähig war,
4. die nach einer Rechtsvorschrift erforderliche Mitwirkung einer anderen Behörde unterblieben ist.

(4) Betrifft die Nichtigkeit nur einen Teil des Verwaltungsaktes, ist er im Ganzen nichtig, wenn der nichtige Teil so wesentlich ist, dass die Behörde den Verwaltungsakt ohne den nichtigen Teil nicht erlassen hätte.

(5) Die Behörde kann die Nichtigkeit jederzeit von Amts wegen feststellen; auf Antrag ist sie festzustellen, wenn der Antragsteller hieran ein berechtigtes Interesse hat.

§ 41 Heilung von Verfahrens- und Formfehlern

(1) Eine Verletzung von Verfahrens- oder Formvorschriften, die nicht den Verwaltungsakt nach § 40 nichtig macht, ist unbeachtlich, wenn

1. der für den Erlass des Verwaltungsaktes erforderliche Antrag nachträglich gestellt wird,
2. die erforderliche Begründung nachträglich gegeben wird,
3. die erforderliche Anhörung eines Beteiligten nachgeholt wird,
4. der Beschluss eines Ausschusses, dessen Mitwirkung für den Erlass des Verwaltungsaktes erforderlich ist, nachträglich gefasst wird,

5. die erforderliche Mitwirkung einer anderen Behörde nachgeholt wird,
6. die erforderliche Hinzuziehung eines Beteiligten nachgeholt wird.

(2) Handlungen nach Absatz 1 Nr. 2 bis 6 können bis zur letzten Tatsacheninstanz eines sozial- oder verwaltungsgerichtlichen Verfahrens nachgeholt werden.

(3) 1Fehlt einem Verwaltungsakt die erforderliche Begründung oder ist die erforderliche Anhörung eines Beteiligten vor Erlass des Verwaltungsaktes unterblieben und ist dadurch die rechtzeitige Anfechtung des Verwaltungsaktes versäumt worden, gilt die Versäumung der Rechtsbehelfsfrist als nicht verschuldet. 2Das für die Wiedereinsetzungsfrist maßgebende Ereignis tritt im Zeitpunkt der Nachholung der unterlassenen Verfahrenshandlung ein.

§ 42 Folgen von Verfahrens- und Formfehlern

1Die Aufhebung eines Verwaltungsaktes, der nicht nach § 40 nichtig ist, kann nicht allein deshalb beansprucht werden, weil er unter Verletzung von Vorschriften über das Verfahren, die Form oder die örtliche Zuständigkeit zustande gekommen ist, wenn offensichtlich ist, dass die Verletzung die Entscheidung in der Sache nicht beeinflusst hat. 2Satz 1 gilt nicht, wenn die erforderliche Anhörung unterblieben oder nicht wirksam nachgeholt ist.

§ 43 Umdeutung eines fehlerhaften Verwaltungsaktes

(1) Ein fehlerhafter Verwaltungsakt kann in einen anderen Verwaltungsakt umgedeutet werden, wenn er auf das gleiche Ziel gerichtet ist, von der erlassenden Behörde in der geschehenen Verfahrensweise und Form rechtmäßig hätte erlassen werden können und wenn die Voraussetzungen für dessen Erlass erfüllt sind.

(2) 1Absatz 1 gilt nicht, wenn der Verwaltungsakt, in den der fehlerhafte Verwaltungsakt umzudeuten wäre, der erkennbaren Absicht der erlassenden Behörde widerspräche oder seine Rechtsfolgen für den Betroffenen ungünstiger wären als die des fehlerhaften Verwaltungsaktes. 2Eine Umdeutung ist ferner unzulässig, wenn der fehlerhafte Verwaltungsakt nicht zurückgenommen werden dürfte.

(3) Eine Entscheidung, die nur als gesetzlich gebundene Entscheidung ergehen kann, kann nicht in eine Ermessensentscheidung umgedeutet werden.

(4) § 24 ist entsprechend anzuwenden.

§ 44 Rücknahme eines rechtswidrigen nicht begünstigenden Verwaltungsaktes

(1) 1Soweit sich im Einzelfall ergibt, dass bei Erlass eines Verwaltungsaktes das Recht unrichtig angewandt oder von einem Sachverhalt ausgegangen worden ist, der sich als unrichtig erweist, und soweit deshalb Sozialleistungen zu Unrecht nicht erbracht oder Beiträge zu Unrecht erhoben worden sind, ist der Verwaltungsakt, auch nachdem er unanfechtbar geworden ist, mit Wirkung für die Vergangenheit zurückzunehmen. 2Dies gilt nicht, wenn der Verwaltungsakt auf Angaben beruht, die der Betroffene vorsätzlich in wesentlicher Beziehung unrichtig oder unvollständig gemacht hat.

(2) 1Im Übrigen ist ein rechtswidriger nicht begünstigender Verwaltungsakt, auch nachdem er unanfechtbar geworden ist, ganz oder teilweise mit Wirkung für die Zukunft zurückzunehmen. 2Er kann auch für die Vergangenheit zurückgenommen werden.

(3) Über die Rücknahme entscheidet nach Unanfechtbarkeit des Verwaltungsaktes die zuständige Behörde; dies gilt auch dann, wenn der zurückzunehmende Verwaltungsakt von einer anderen Behörde erlassen worden ist.

(4) 1Ist ein Verwaltungsakt mit Wirkung für die Vergangenheit zurückgenommen worden, werden Sozialleistungen nach den Vorschriften der besonderen Teile dieses Gesetzbuches längstens für einen Zeitraum bis zu vier Jahren vor der Rücknahme erbracht. 2Dabei wird der Zeitpunkt der Rücknahme von Beginn des Jahres an gerechnet, in dem der Verwaltungsakt zurückgenommen wird. 3Erfolgt die Rücknahme auf Antrag, tritt bei der Berechnung des Zeitraums, für den rückwirkend Leistungen zu erbringen sind, anstelle der Rücknahme der Antrag.

§ 45 Rücknahme eines rechtswidrigen begünstigenden Verwaltungsaktes

(1) Soweit ein Verwaltungsakt, der ein Recht oder einen rechtlich erheblichen Vorteil begründet oder bestätigt hat (begünstigender Verwaltungsakt), rechtswidrig ist, darf er, auch nachdem er unanfechtbar geworden ist, nur unter den Einschränkungen der Absätze 2 bis 4 ganz oder teilweise mit Wirkung für die Zukunft oder für die Vergangenheit zurückgenommen werden.

(2) 1Ein rechtswidriger begünstigender Verwaltungsakt darf nicht zurückgenommen werden, soweit der Begünstigte auf den Bestand des Verwaltungsaktes vertraut hat und sein Vertrauen unter Abwägung mit dem öffentlichen Interesse an einer Rücknahme schutzwürdig ist. 2Das Vertrauen ist in der Regel schutzwürdig, wenn der Begünstigte erbrachte Leistungen verbraucht oder eine Vermögensdisposition getroffen hat, die er nicht mehr oder nur unter unzumutbaren Nachteilen rückgängig machen kann. 3Auf Vertrauen kann sich der Begünstigte nicht berufen, soweit

1. er den Verwaltungsakt durch arglistige Täuschung, Drohung oder Bestechung erwirkt hat,

10

2. der Verwaltungsakt auf Angaben beruht, die der Begünstigte vorsätzlich oder grob fahrlässig in wesentlicher Beziehung unrichtig oder unvollständig gemacht hat, oder
3. er die Rechtswidrigkeit des Verwaltungsaktes kannte oder infolge grober Fahrlässigkeit nicht kannte; grobe Fahrlässigkeit liegt vor, wenn der Begünstigte die erforderliche Sorgfalt in besonders schwerem Maße verletzt hat.

(3) 1Ein rechtswidriger begünstigender Verwaltungsakt mit Dauerwirkung kann nach Absatz 2 nur bis zum Ablauf von zwei Jahren nach seiner Bekanntgabe zurückgenommen werden. 2Satz 1 gilt nicht, wenn Wiederaufnahmegründe entsprechend § 580 der Zivilprozessordnung vorliegen. 3Bis zum Ablauf von zehn Jahren nach seiner Bekanntgabe kann ein rechtswidriger begünstigender Verwaltungsakt mit Dauerwirkung nach Absatz 2 zurückgenommen werden, wenn

1. die Voraussetzungen des Absatzes 2 Satz 3 Nr. 2 oder 3 gegeben sind
   oder
2. der Verwaltungsakt mit einem zulässigen Vorbehalt des Widerrufs erlassen wurde.

4In den Fällen des Satzes 3 kann ein Verwaltungsakt über eine laufende Geldleistung auch nach Ablauf der Frist von zehn Jahren zurückgenommen werden, wenn diese Geldleistung mindestens bis zum Beginn des Verwaltungsverfahrens über die Rücknahme gezahlt wurde. 5War die Frist von zehn Jahren am 15. April 1998 bereits abgelaufen, gilt Satz 4 mit der Maßgabe, dass der Verwaltungsakt nur mit Wirkung für die Zukunft aufgehoben wird.

(4) 1Nur in den Fällen von Absatz 2 Satz 3 und Absatz 3 Satz 2 wird der Verwaltungsakt mit Wirkung für die Vergangenheit zurückgenommen. 2Die Behörde muss dies innerhalb eines Jahres seit Kenntnis der Tatsachen tun, welche die Rücknahme eines rechtswidrigen begünstigenden Verwaltungsaktes für die Vergangenheit rechtfertigen.

(5) § 44 Abs. 3 gilt entsprechend.

§ 46 Widerruf eines rechtmäßigen nicht begünstigenden Verwaltungsaktes

(1) Ein rechtmäßiger nicht begünstigender Verwaltungsakt kann, auch nachdem er unanfechtbar geworden ist, ganz oder teilweise mit Wirkung für die Zukunft widerrufen werden, außer wenn ein Verwaltungsakt gleichen Inhalts erneut erlassen werden müsste oder aus anderen Gründen ein Widerruf unzulässig ist.

(2) § 44 Abs. 3 gilt entsprechend.

§ 47 Widerruf eines rechtmäßigen begünstigenden Verwaltungsaktes

(1) Ein rechtmäßiger begünstigender Verwaltungsakt darf, auch nachdem er unanfechtbar geworden ist, ganz oder teilweise mit Wirkung für die Zukunft nur widerrufen werden, soweit

1. der Widerruf durch Rechtsvorschrift zugelassen oder im Verwaltungsakt vorbehalten ist,
2. mit dem Verwaltungsakt eine Auflage verbunden ist und der Begünstigte diese nicht oder nicht innerhalb einer ihm gesetzten Frist erfüllt hat.

(2) 1Ein rechtmäßiger begünstigender Verwaltungsakt, der eine Geld- oder Sachleistung zur Erfüllung eines bestimmten Zweckes zuerkennt oder hierfür Voraussetzung ist, kann, auch nachdem er unanfechtbar geworden ist, ganz oder teilweise auch mit Wirkung für die Vergangenheit widerrufen werden, wenn

1. die Leistung nicht, nicht alsbald nach der Erbringung oder nicht mehr für den in dem Verwaltungsakt bestimmten Zweck verwendet wird,
2. mit dem Verwaltungsakt eine Auflage verbunden ist und der Begünstigte diese nicht oder nicht innerhalb einer ihm gesetzten Frist erfüllt hat.

2Der Verwaltungsakt darf mit Wirkung für die Vergangenheit nicht widerrufen werden, soweit der Begünstigte auf den Bestand des Verwaltungsaktes vertraut hat und sein Vertrauen unter Abwägung mit dem öffentlichen Interesse an einem Widerruf schutzwürdig ist. 3Das Vertrauen ist in der Regel schutzwürdig, wenn der Begünstigte erbrachte Leistungen verbraucht oder eine Vermögensdisposition getroffen hat, die er nicht mehr oder nur unter unzumutbaren Nachteilen rückgängig machen kann. 4Auf Vertrauen kann sich der Begünstigte nicht berufen, soweit er die Umstände kannte oder infolge grober Fahrlässigkeit nicht kannte, die zum Widerruf des Verwaltungsaktes geführt haben. 5§ 45 Abs. 4 Satz 2 gilt entsprechend.

(3) § 44 Abs. 3 gilt entsprechend.

§ 48 Aufhebung eines Verwaltungsaktes mit Dauerwirkung bei Änderung der Verhältnisse

(1) 1Soweit in den tatsächlichen oder rechtlichen Verhältnissen, die beim Erlass eines Verwaltungsaktes mit Dauerwirkung vorgelegen haben, eine wesentliche Änderung eintritt, ist der Verwaltungsakt mit Wirkung für die Zukunft aufzuheben. 2Der Verwaltungsakt soll mit Wirkung vom Zeitpunkt der Änderung der Verhältnisse aufgehoben werden, soweit

1. die Änderung zugunsten des Betroffenen erfolgt,
2. der Betroffene einer durch Rechtsvorschrift vorgeschriebenen Pflicht zur Mitteilung wesentlicher für ihn nachteiliger Änderungen der Verhältnisse vorsätzlich oder grob fahrlässig nicht nachgekommen ist,
3. nach Antragstellung oder Erlass des Verwaltungsaktes Einkommen oder Vermögen erzielt worden ist, das zum Wegfall oder zur Minderung des Anspruchs geführt haben würde, oder
4. der Betroffene wusste oder nicht wusste, weil er die erforderliche Sorgfalt in besonders schwerem Maße verletzt hat, dass der sich aus dem Verwaltungsakt ergebende Anspruch kraft Gesetzes zum Ruhen gekommen oder ganz oder teilweise weggefallen ist.

3Als Zeitpunkt der Änderung der Verhältnisse gilt in Fällen, in denen Einkommen oder Vermögen auf einen zurückliegenden Zeitraum auf Grund der besonderen Teile dieses Gesetzbuches anzurechnen ist, der Beginn des Anrechnungszeitraumes.

(2) Der Verwaltungsakt ist im Einzelfall mit Wirkung für die Zukunft auch dann aufzuheben, wenn der zuständige oberste Gerichtshof des Bundes in ständiger Rechtsprechung nachträglich das Recht anders auslegt als die Behörde bei Erlass des Verwaltungsaktes und sich dieses zugunsten des Berechtigten auswirkt; § 44 bleibt unberührt.

(3) 1Kann ein rechtswidriger begünstigender Verwaltungsakt nach § 45 nicht zurückgenommen werden und ist eine Änderung nach Absatz 1 oder 2 zugunsten des Betroffenen eingetreten, darf die neu festzustellende Leistung nicht über den Betrag hinausgehen, wie er sich der Höhe nach ohne Berücksichtigung der Bestandskraft ergibt. 2Satz 1 gilt entsprechend, soweit einem rechtmäßigen begünstigenden Verwaltungsakt ein rechtswidriger begünstigender Verwaltungsakt zugrunde liegt, der nach § 45 nicht zurückgenommen werden kann.

(4) 1§ 44 Abs. 3 und 4, § 45 Abs. 3 Satz 3 bis 5 und Abs. 4 Satz 2 gelten entsprechend. 2§ 45 Abs. 4 Satz 2 gilt nicht im Fall des Absatzes 1 Satz 2 Nr. 1.

§ 49 Rücknahme und Widerruf im Rechtsbehelfsverfahren

§ 45 Abs. 1 bis 4, §§ 47 und 48 gelten nicht, wenn ein begünstigender Verwaltungsakt, der von einem Dritten angefochten worden ist, während des Vorverfahrens oder während des sozial- oder verwaltungsgerichtlichen Verfahrens aufgehoben wird, soweit dadurch dem Widerspruch abgeholfen oder der Klage stattgegeben wird.

§ 50 Erstattung zu Unrecht erbrachter Leistungen

(1) 1Soweit ein Verwaltungsakt aufgehoben worden ist, sind bereits erbrachte Leistungen zu erstatten. 2Sach- und Dienstleistungen sind in Geld zu erstatten.

(2) 1Soweit Leistungen ohne Verwaltungsakt zu Unrecht erbracht worden sind, sind sie zu erstatten. 2§§ 45 und 48 gelten entsprechend.

(2a) 1Der zu erstattende Betrag ist vom Eintritt der Unwirksamkeit eines Verwaltungsaktes, auf Grund dessen Leistungen zur Förderung von Einrichtungen oder ähnliche Leistungen erbracht worden sind, mit fünf Prozentpunkten über dem Basiszinssatz jährlich zu verzinsen. 2Von der Geltendmachung des Zinsanspruchs kann insbesondere dann abgesehen werden, wenn der Begünstigte die Umstände, die zur Rücknahme, zum Widerruf oder zur Unwirksamkeit des Verwaltungsaktes geführt haben, nicht zu vertreten hat und den zu erstattenden Betrag innerhalb der von der Behörde festgesetzten Frist leistet. 3Wird eine Leistung nicht alsbald nach der Auszahlung für den bestimmten Zweck verwendet, können für die Zeit bis zur zweckentsprechenden Verwendung Zinsen nach Satz 1 verlangt werden; Entsprechendes gilt, soweit eine Leistung in Anspruch genommen wird, obwohl andere Mittel anteilig oder vorrangig einzusetzen sind; § 47 Abs. 2 Satz 1 Nr. 1 bleibt unberührt.

(3) 1Die zu erstattende Leistung ist durch schriftlichen Verwaltungsakt festzusetzen. 2Die Festsetzung soll, sofern die Leistung auf Grund eines Verwaltungsaktes erbracht worden ist, mit der Aufhebung des Verwaltungsaktes verbunden werden.

(4) 1Der Erstattungsanspruch verjährt in vier Jahren nach Ablauf des Kalenderjahres, in dem der Verwaltungsakt nach Absatz 3 unanfechtbar geworden ist. 2Für die Hemmung, die Ablaufhemmung, den Neubeginn und die Wirkung der Verjährung gelten die Vorschriften des Bürgerlichen Gesetzbuchs sinngemäß. 3§ 52 bleibt unberührt.

(5) Die Absätze 1 bis 4 gelten bei Berichtigungen nach § 38 entsprechend.

§ 51 Rückgabe von Urkunden und Sachen

1Ist ein Verwaltungsakt unanfechtbar widerrufen oder zurückgenommen oder ist seine Wirksamkeit aus einem anderen Grund nicht oder nicht mehr gegeben, kann die Behörde die auf Grund dieses Verwaltungsaktes erteilten Urkunden oder Sachen, die zum Nachweis der Rechte aus dem Verwaltungsakt oder zu deren Ausübung bestimmt sind, zurückfordern. 2Der Inhaber und, sofern er nicht Besitzer ist, auch der Besitzer dieser Urkunden oder Sachen sind zu ihrer Herausgabe verpflichtet. 3Der Inhaber oder der Besitzer kann jedoch verlangen, dass ihm die Urkunden oder Sachen wieder ausgehändigt werden, nachdem sie von der Behörde als ungültig gekennzeichnet sind; dies gilt nicht bei Sachen, bei denen eine solche Kennzeichnung nicht oder nicht mit der erforderlichen Offensichtlichkeit oder Dauerhaftigkeit möglich ist.

Dritter Titel
Verjährungsrechtliche Wirkungen des Verwaltungsaktes

§ 52 Hemmung der Verjährung durch Verwaltungsakt

(1) 1Ein Verwaltungsakt, der zur Feststellung oder Durchsetzung des Anspruchs eines öffentlich-rechtlichen Rechtsträgers erlassen wird, hemmt die Verjährung dieses Anspruchs. 2Die Hemmung endet mit Eintritt der Unanfechtbarkeit des Verwaltungsakts oder sechs Monate nach seiner anderweitigen Erledigung.

(2) Ist ein Verwaltungsakt im Sinne des Absatzes 1 unanfechtbar geworden, beträgt die Verjährungsfrist 30 Jahre.

Vierter Abschnitt
Öffentlich-rechtlicher Vertrag

§ 53 Zulässigkeit des öffentlich-rechtlichen Vertrages

(1) 1Ein Rechtsverhältnis auf dem Gebiet des öffentlichen Rechts kann durch Vertrag begründet, geändert oder aufgehoben werden (öffentlich-rechtlicher Vertrag), soweit Rechtsvorschriften nicht entgegenstehen. 2Insbesondere kann die Behörde, anstatt einen Verwaltungsakt zu erlassen, einen öffentlich-rechtlichen Vertrag mit demjenigen schließen, an den sie sonst den Verwaltungsakt richten würde.

10

(2) Ein öffentlich-rechtlicher Vertrag über Sozialleistungen kann nur geschlossen werden, soweit die Erbringung der Leistungen im Ermessen des Leistungsträgers steht.

§ 54 Vergleichsvertrag

(1) Ein öffentlich-rechtlicher Vertrag im Sinne des § 53 Abs. 1 Satz 2, durch den eine bei verständiger Würdigung des Sachverhalts oder der Rechtslage bestehende Ungewißheit durch gegenseitiges Nachgeben beseitigt wird (Vergleich), kann geschlossen werden, wenn die Behörde den Abschluss des Vergleichs zur Beseitigung der Ungewissheit nach pflichtgemäßem Ermessen für zweckmäßig hält.

(2) § 53 Abs. 2 gilt im Fall des Absatzes 1 nicht.

§ 55 Austauschvertrag

(1) 1Ein öffentlich-rechtlicher Vertrag im Sinne des § 53 Abs. 1 Satz 2, in dem sich der Vertragspartner der Behörde zu einer Gegenleistung verpflichtet, kann geschlossen werden, wenn die Gegenleistung für einen bestimmten Zweck im Vertrag vereinbart wird und der Behörde zur Erfüllung ihrer öffentlichen Aufgaben dient. 2Die Gegenleistung muss den gesamten Umständen nach angemessen sein und im sachlichen Zusammenhang mit der vertraglichen Leistung der Behörde stehen.

(2) Besteht auf die Leistung der Behörde ein Anspruch, kann nur eine solche Gegenleistung vereinbart werden, die bei Erlass eines Verwaltungsaktes Inhalt einer Nebenbestimmung nach § 32 sein könnte.

(3) § 53 Abs. 2 gilt in den Fällen der Absätze 1 und 2 nicht.

§ 56 Schriftform

Ein öffentlich-rechtlicher Vertrag ist schriftlich zu schließen, soweit nicht durch Rechtsvorschrift eine andere Form vorgeschrieben ist.

§ 57 Zustimmung von Dritten und Behörden

(1) Ein öffentlich-rechtlicher Vertrag, der in Rechte eines Dritten eingreift, wird erst wirksam, wenn der Dritte schriftlich zustimmt.

(2) Wird anstatt eines Verwaltungsaktes, bei dessen Erlass nach einer Rechtsvorschrift die Genehmigung, die Zustimmung oder das Einvernehmen einer anderen Behörde erforderlich ist, ein Vertrag geschlossen, so wird dieser erst wirksam, nachdem die andere Behörde in der vorgeschriebenen Form mitgewirkt hat.

§ 58 Nichtigkeit des öffentlich-rechtlichen Vertrages

(1) Ein öffentlich-rechtlicher Vertrag ist nichtig, wenn sich die Nichtigkeit aus der entsprechenden Anwendung von Vorschriften des Bürgerlichen Gesetzbuches ergibt.

(2) Ein Vertrag im Sinne des § 53 Abs. 1 Satz 2 ist ferner nichtig, wenn

1. ein Verwaltungsakt mit entsprechendem Inhalt nichtig wäre,
2. ein Verwaltungsakt mit entsprechendem Inhalt nicht nur wegen eines Verfahrens- oder Formfehlers im Sinne des § 42 rechtswidrig wäre und dies den Vertragschließenden bekannt war,
3. die Voraussetzungen zum Abschluss eines Vergleichsvertrags nicht vorlagen und ein Verwaltungsakt mit entsprechendem Inhalt nicht nur wegen eines Verfahrens- oder Formfehlers im Sinne des § 42 rechtswidrig wäre,

4. sich die Behörde eine nach § 55 unzulässige Gegenleistung versprechen lässt.

(3) Betrifft die Nichtigkeit nur einen Teil des Vertrages, so ist er im Ganzen nichtig, wenn nicht anzunehmen ist, dass er auch ohne den nichtigen Teil geschlossen worden wäre.

§ 59 Anpassung und Kündigung in besonderen Fällen

(1) 1Haben die Verhältnisse, die für die Festsetzung des Vertragsinhalts maßgebend gewesen sind, sich seit Abschluss des Vertrages so wesentlich geändert, dass einer Vertragspartei das Festhalten an der ursprünglichen vertraglichen Regelung nicht zuzumuten ist, so kann diese Vertragspartei eine Anpassung des Vertragsinhalts an die geänderten Verhältnisse verlangen oder, sofern eine Anpassung nicht möglich oder einer Vertragspartei nicht zuzumuten ist, den Vertrag kündigen. 2Die Behörde kann den Vertrag auch kündigen, um schwere Nachteile für das Gemeinwohl zu verhüten oder zu beseitigen.

(2) 1Die Kündigung bedarf der Schriftform, soweit nicht durch Rechtsvorschrift eine andere Form vorgeschrieben ist. 2Sie soll begründet werden.

§ 60 Unterwerfung unter die sofortige Vollstreckung

(1) 1Jeder Vertragschließende kann sich der sofortigen Vollstreckung aus einem öffentlich-rechtlichen Vertrag im Sinne des § 53 Abs. 1 Satz 2 unterwerfen. 2Die Behörde muss hierbei von dem Behördenleiter, seinem allgemeinen Vertreter oder einem Angehörigen des öffentlichen Dienstes, der die Befähigung zum Richteramt hat, vertreten werden.

(2) 1Auf öffentlich-rechtliche Verträge im Sinne des Absatzes 1 Satz 1 ist § 66 entsprechend anzuwenden. 2Will eine natürliche oder juristische Person des Privatrechts oder eine sonstige Personenvereinigung die Vollstreckung wegen einer Geldforderung betreiben, so ist § 170 Abs. 1 bis 3 der Verwaltungsgerichtsordnung entsprechend anzuwenden. 3Richtet sich die Vollstreckung wegen der Erzwingung einer Handlung, Duldung oder Unterlassung gegen eine Behörde, ist § 172 der Verwaltungsgerichtsordnung entsprechend anzuwenden.

§ 61 Ergänzende Anwendung von Vorschriften

1Soweit sich aus den §§ 53 bis 60 nichts Abweichendes ergibt, gelten die übrigen Vorschriften dieses Gesetzbuches. 2Ergänzend gelten die Vorschriften des Bürgerlichen Gesetzbuches entsprechend.

Fünfter Abschnitt
Rechtsbehelfsverfahren

§ 62 Rechtsbehelfe gegen Verwaltungsakte

Für förmliche Rechtsbehelfe gegen Verwaltungsakte gelten, wenn der Sozialrechtsweg gegeben ist, das Sozialgerichtsgesetz, wenn der Verwaltungsrechtsweg gegeben ist, die Verwaltungsgerichtsordnung und die zu ihrer Ausführung ergangenen Rechtsvorschriften, soweit nicht durch Gesetz etwas anderes bestimmt ist; im Übrigen gelten die Vorschriften dieses Gesetzbuches.

§ 63 Erstattung von Kosten im Vorverfahren

(1) 1Soweit der Widerspruch erfolgreich ist, hat der Rechtsträger, dessen Behörde den angefochtenen Verwaltungsakt erlassen hat, demjenigen, der Widerspruch erhoben hat, die zur zweckentsprechenden Rechtsverfolgung oder Rechtsverteidigung notwendigen Aufwendungen zu erstatten. 2Dies gilt auch, wenn der Widerspruch nur deshalb keinen Erfolg hat, weil die Verletzung einer Verfahrens- oder Formvorschrift nach § 41 unbeachtlich ist. 3Aufwendungen, die durch das Verschulden eines Erstattungsberechtigten entstanden sind, hat dieser selbst zu tragen; das Verschulden eines Vertreters ist dem Vertretenen zuzurechnen.

(2) Die Gebühren und Auslagen eines Rechtsanwalts oder eines sonstigen Bevollmächtigten im Vorverfahren sind erstattungsfähig, wenn die Zuziehung eines Bevollmächtigten notwendig war.

(3) 1Die Behörde, die die Kostenentscheidung getroffen hat, setzt auf Antrag den Betrag der zu erstattenden Aufwendungen fest; hat ein Ausschuss oder Beirat die Kostenentscheidung getroffen, obliegt die Kostenfestsetzung der Behörde, bei der der Ausschuss oder Beirat gebildet ist. 2Die Kostenentscheidung bestimmt auch, ob die Zuziehung eines Rechtsanwalts oder eines sonstigen Bevollmächtigten notwendig war.

Sechster Abschnitt
Kosten, Zustellung und Vollstreckung

§ 64 Kostenfreiheit

(1) 1Für das Verfahren bei den Behörden nach diesem Gesetzbuch werden keine Gebühren und Auslagen erhoben. 2Abweichend von Satz 1 erhalten die Träger der gesetzlichen Rentenversicherung für jede auf der Grundlage des § 74a Absatz 2 und 3 erteilte Auskunft eine Gebühr von 10,20 Euro.

(2) 1Geschäfte und Verhandlungen, die aus Anlass der Beantragung, Erbringung oder der Erstattung einer Sozialleistung nötig werden, sind kostenfrei. 2Dies gilt auch für die im Gerichts- und Notarkostengesetz bestimmten Gerichtskosten. 3Von Be-

urkundungs- und Beglaubigungskosten sind befreit Urkunden, die

1. in der Sozialversicherung bei den Versicherungsträgern und Versicherungsbehörden erforderlich werden, um die Rechtsverhältnisse zwischen den Versicherungsträgern einerseits und den Arbeitgebern, Versicherten oder ihren Hinterbliebenen andererseits abzuwickeln,
2. im Sozialhilferecht, im Recht der Grundsicherung für Arbeitsuchende sowie im Kinder- und Jugendhilferecht aus Anlass der Beantragung, Erbringung oder Erstattung einer nach dem Zwölften Buch, dem Zweiten oder dem Achten Buch vorgesehenen Leistung benötigt werden,
3. im Schwerbehindertengesetz von der zuständigen Stelle im Zusammenhang mit der Verwendung der Ausgleichsabgabe für erforderlich gehalten werden,
4. im Recht der Sozialen Entschädigung und der Soldatenentschädigung für erforderlich gehalten werden,
5. im Kindergeldrecht für erforderlich gehalten werden.

(3) 1Absatz 2 Satz 1 gilt auch für gerichtliche Verfahren, auf die das Gesetz über das Verfahren in Familiensachen und in den Angelegenheiten der freiwilligen Gerichtsbarkeit anzuwenden ist. 2Im Verfahren nach der Zivilprozessordnung, dem Gesetz über das Verfahren in Familiensachen und in den Angelegenheiten der freiwilligen Gerichtsbarkeit sowie im Verfahren vor Gerichten der Sozial- und Finanzgerichtsbarkeit sind die Träger der Eingliederungshilfe, der Sozialhilfe, der Grundsicherung für Arbeitsuchende, der Leistungen nach dem Asylbewerberleistungsgesetz, der Jugendhilfe und der Sozialen Entschädigung, von den Gerichtskosten befreit; § 197a des Sozialgerichtsgesetzes bleibt unberührt.

§ 65 Zustellung

(1) 1Soweit Zustellungen durch Behörden des Bundes, der bundesunmittelbaren Körperschaften, Anstalten und Stiftungen des öffentlichen Rechts vorgeschrieben sind, gelten die §§ 2 bis 10 des Verwaltungszustellungsgesetzes. 2§ 5 Abs. 4 des Verwaltungszustellungsgesetzes und § 178 Abs. 1 Nr. 2 der Zivilprozessordnung sind auf die nach § 73 Absatz 2 Satz 2 Nummer 5 bis 9 und Satz 3 des Sozialgerichtsgesetzes als Bevollmächtigte zugelassenen Personen entsprechend anzuwenden. 3Diese Vorschriften gelten auch, soweit Zustellungen durch die nach Landesrecht zur Durchführung des Vierzehnten Buches zuständigen Stellen vorgeschrieben sind.

(2) Für die übrigen Behörden gelten die jeweiligen landesrechtlichen Vorschriften über das Zustellungsverfahren.

§ 66 Vollstreckung

(1) 1Für die Vollstreckung zugunsten der Behörden des Bundes, der bundesunmittelbaren Körperschaften, Anstalten und Stiftungen des öffentlichen Rechts gilt das Verwaltungs-Vollstreckungsgesetz. 2In Angelegenheiten des § 51 des Sozialgerichtsgesetzes ist für die Anordnung der Ersatzzwangshaft das Sozialgericht zuständig. 3Die oberste Verwaltungsbehörde kann bestimmen, dass die Aufsichtsbehörde nach Anhörung der in Satz 1 genannten Behörden für die Vollstreckung fachlich geeignete Bedienstete als Vollstreckungsbeamte und sonstige hierfür fachlich geeignete Bedienstete dieser Behörde als Vollziehungsbeamte bestellen darf; die fachliche Eignung ist durch einen qualifizierten beruflichen Abschluss, die Teilnahme an einem Lehrgang einschließlich berufspraktischer Tätigkeit oder entsprechende mehrjährige Berufserfahrung nachzuweisen. 4Die oberste Verwaltungsbehörde kann auch bestimmen, dass die Aufsichtsbehörde nach Anhörung der in Satz 1 genannten Behörden für die Vollstreckung von Ansprüchen auf Gesamtsozialversicherungsbeiträge fachlich geeignete Bedienstete

1. der Verbände der Krankenkassen oder
2. einer bestimmten Krankenkasse

als Vollstreckungsbeamte und sonstige hierfür fachlich geeignete Bedienstete der genannten Verbände und Krankenkassen als Vollziehungsbeamte bestellen darf. 5Der nach Satz 4 beauftragte Verband der Krankenkassen ist berechtigt, Verwaltungsakte zur Erfüllung der mit der Vollstreckung verbundenen Aufgabe zu erlassen.

(2) Absatz 1 Satz 1 bis 3 gilt auch für die Vollstreckung durch die nach Landesrecht zur Durchführung des Vierzehnten Buches zuständigen Stellen; das Land bestimmt die Vollstreckungsbehörde.

(3) 1Für die Vollstreckung zugunsten der übrigen Behörden gelten die jeweiligen landesrechtlichen Vorschriften über das Verwaltungsvollstreckungsverfahren. 2Für die landesunmittelbaren Körperschaften, Anstalten und Stiftungen des öffentlichen Rechts gilt Absatz 1 Satz 2 bis 5 entsprechend. 3Abweichend von Satz 1 vollstrecken die nach Landesrecht zuständigen Vollstreckungsbehörden zugunsten der landesunmittelbaren Krankenkassen, die sich über mehr als ein Bundesland erstrecken, nach den Vorschriften des Verwaltungs-Vollstreckungsgesetzes.

(4) 1Aus einem Verwaltungsakt kann auch die Zwangsvollstreckung in entsprechender Anwendung der Zivilprozessordnung stattfinden. 2Der

Vollstreckungsschuldner soll vor Beginn der Vollstreckung mit einer Zahlungsfrist von einer Woche gemahnt werden. 3Die vollstreckbare Ausfertigung erteilt der Behördenleiter, sein allgemeiner Vertreter oder ein anderer auf Antrag eines Leistungsträgers von der Aufsichtsbehörde ermächtigter Angehöriger des öffentlichen Dienstes. 4Bei den Versicherungsträgern und der Bundesagentur für Arbeit tritt in Satz 3 an die Stelle der Aufsichtsbehörden der Vorstand.

Zweites Kapitel
Schutz der Sozialdaten

Erster Abschnitt
Begriffsbestimmungen

§ 67 Begriffsbestimmungen

(1) Die nachfolgenden Begriffsbestimmungen gelten ergänzend zu Artikel 4 der Verordnung (EU) 2016/679 des Europäischen Parlaments und des Rates vom 27. April 2016 zum Schutz natürlicher Personen bei der Verarbeitung personenbezogener Daten, zum freien Datenverkehr und zur Aufhebung der Richtlinie 95/46/EG (Datenschutz-Grundverordnung) (ABl. L 119 vom 4. 5. 2016, S. 1; L 314 vom 22. 11. 2016, S. 72; L 127 vom 23. 5. 2018, S. 2) in der jeweils geltenden Fassung.

(2) 1Sozialdaten sind personenbezogene Daten (Artikel 4 Nummer 1 der Verordnung (EU) 2016/679), die von einer in § 35 des Ersten Buches genannten Stelle im Hinblick auf ihre Aufgaben nach diesem Gesetzbuch verarbeitet werden. 2Betriebs- und Geschäftsgeheimnisse sind alle betriebs- oder geschäftsbezogenen Daten, auch von juristischen Personen, die Geheimnischarakter haben.

(3) Aufgaben nach diesem Gesetzbuch sind, soweit dieses Kapitel angewandt wird, auch

1. Aufgaben auf Grund von Verordnungen, deren Ermächtigungsgrundlage sich im Sozialgesetzbuch befindet,
2. Aufgaben auf Grund von über- und zwischenstaatlichem Recht im Bereich der sozialen Sicherheit,
3. Aufgaben auf Grund von Rechtsvorschriften, die das Erste und das Zehnte Buch für entsprechend anwendbar erklären, und
4. Aufgaben auf Grund des Arbeitssicherheitsgesetzes und Aufgaben, soweit sie den in § 35 des Ersten Buches genannten Stellen durch Gesetz zugewiesen sind. § 8 Absatz 1 Satz 3 des Arbeitssicherheitsgesetzes bleibt unberührt.

(4) 1Werden Sozialdaten von einem Leistungsträger im Sinne von § 12 des Ersten Buches verarbeitet, ist der Verantwortliche der Leistungsträger. 2Ist der Leistungsträger eine Gebietskörperschaft, so sind der Verantwortliche die Organisationseinheiten, die eine Aufgabe nach einem der besonderen Teile dieses Gesetzbuches funktional durchführen.

(5) Nicht-öffentliche Stellen sind natürliche und juristische Personen, Gesellschaften und andere Personenvereinigungen des privaten Rechts, soweit sie nicht unter § 81 Absatz 3 fallen.

Zweiter Abschnitt
Verarbeitung von Sozialdaten

§ 67a Erhebung von Sozialdaten

(1) 1Die Erhebung von Sozialdaten durch die in § 35 des Ersten Buches genannten Stellen ist zulässig, wenn ihre Kenntnis zur Erfüllung einer Aufgabe der erhebenden Stelle nach diesem Gesetzbuch erforderlich ist. 2Dies gilt auch für die Erhebung der besonderen Kategorien personenbezogener Daten im Sinne des Artikels 9 Absatz 1 der Verordnung (EU) 2016/679. 3§ 22 Absatz 2 des Bundesdatenschutzgesetzes gilt entsprechend.

(2) 1Sozialdaten sind bei der betroffenen Person zu erheben. 2Als Erhebung nach Satz 1 gilt auch die Entscheidung der betroffenen Person nach § 67f Absatz 1 Satz 1 Nummer 1 in Verbindung mit Absatz 4 Satz 2 oder ein ausdrückliches Ersuchen im Anwendungsbereich des § 77a. 3Ohne ihre Mitwirkung dürfen sie nur erhoben werden

1. bei den in § 35 des Ersten Buches oder in § 69 Absatz 2 genannten Stellen, wenn
   a) diese zur Übermittlung der Daten an die erhebende Stelle befugt sind,
   b) die Erhebung bei der betroffenen Person einen unverhältnismäßigen Aufwand erfordern würde und
   c) keine Anhaltspunkte dafür bestehen, dass überwiegende schutzwürdige Interessen der betroffenen Person beeinträchtigt werden,
2. bei anderen Personen oder Stellen, wenn
   a) eine Rechtsvorschrift die Erhebung bei ihnen zulässt oder die Übermittlung an die erhebende Stelle ausdrücklich vorschreibt oder
   b) aa) die Aufgaben nach diesem Gesetzbuch ihrer Art nach eine Erhebung bei anderen Personen oder Stellen erforderlich machen oder
      bb) die Erhebung bei der betroffenen Person einen unverhältnismäßigen Aufwand erfordern würde

   und keine Anhaltspunkte dafür bestehen, dass überwiegende schutzwürdige Interessen der betroffenen Person beeinträchtigt werden.

§ 67b Speicherung, Veränderung, Nutzung, Übermittlung, Einschränkung der Verarbeitung und Löschung von Sozialdaten

(1) 1Die Speicherung, Veränderung, Nutzung, Übermittlung, Einschränkung der Verarbeitung und Löschung von Sozialdaten durch die in § 35 des Ersten Buches genannten Stellen ist zulässig, soweit die nachfolgenden Vorschriften oder eine andere Rechtsvorschrift in diesem Gesetzbuch es erlauben oder anordnen. 2Dies gilt auch für die besonderen Kategorien personenbezogener Daten im Sinne des Artikels 9 Absatz 1 der Verordnung (EU) 2016/679. 3Die Übermittlung von biometrischen, genetischen oder Gesundheitsdaten ist abweichend von Artikel 9 Absatz 2 Buchstabe b, d bis j der Verordnung (EU) 2016/679 nur zulässig, soweit eine gesetzliche Übermittlungsbefugnis nach den §§ 68 bis 77 oder nach einer anderen Rechtsvorschrift in diesem Gesetzbuch vorliegt. 4§ 22 Absatz 2 des Bundesdatenschutzgesetzes gilt entsprechend.

(2) 1Zum Nachweis im Sinne des Artikels 7 Absatz 1 der Verordnung (EU) 2016/679, dass die betroffene Person in die Verarbeitung ihrer personenbezogenen Daten eingewilligt hat, soll die Einwilligung schriftlich oder elektronisch erfolgen. 2Die Einwilligung zur Verarbeitung von genetischen, biometrischen oder Gesundheitsdaten oder Betriebs- oder Geschäftsgeheimnissen hat schriftlich oder elektronisch zu erfolgen, soweit nicht wegen besonderer Umstände eine andere Form angemessen ist. 3Wird die Einwilligung der betroffenen Person eingeholt, ist diese auf den Zweck der vorgesehenen Verarbeitung, auf die Folgen der Verweigerung der Einwilligung sowie auf die jederzeitige Widerrufsmöglichkeit gemäß Artikel 7 Absatz 3 der Verordnung (EU) 2016/679 hinzuweisen.

(3) 1Die Einwilligung zur Verarbeitung personenbezogener Daten zu Forschungszwecken kann für ein bestimmtes Vorhaben oder für bestimmte Bereiche der wissenschaftlichen Forschung erteilt werden. 2Im Bereich der wissenschaftlichen Forschung liegt ein besonderer Umstand im Sinne des Absatzes 2 Satz 2 auch dann vor, wenn durch die Einholung einer schriftlichen oder elektronischen Einwilligung der Forschungszweck erheblich beeinträchtigt würde. 3In diesem Fall sind die Gründe, aus denen sich die erhebliche Beeinträchtigung des Forschungszweckes ergibt, schriftlich festzuhalten.

§ 67c Zweckbindung sowie Speicherung, Veränderung und Nutzung von Sozialdaten zu anderen Zwecken

(1) 1Die Speicherung, Veränderung oder Nutzung von Sozialdaten durch die in § 35 des Ersten Buches genannten Stellen ist zulässig, wenn sie zur Erfüllung der in der Zuständigkeit des Verantwortlichen liegenden gesetzlichen Aufgaben nach diesem Gesetzbuch erforderlich ist und für die Zwecke erfolgt, für die die Daten erhoben worden sind. 2Ist keine Erhebung vorausgegangen, dürfen die Daten nur für die Zwecke geändert oder genutzt werden, für die sie gespeichert worden sind.

(2) Die nach Absatz 1 gespeicherten Daten dürfen von demselben Verantwortlichen für andere Zwecke nur gespeichert, verändert oder genutzt werden, wenn

1. die Daten für die Erfüllung von Aufgaben nach anderen Rechtsvorschriften dieses Gesetzbuches als diejenigen, für die sie erhoben wurden, erforderlich sind,
2. es zur Durchführung eines bestimmten Vorhabens der wissenschaftlichen Forschung oder Planung im Sozialleistungsbereich erforderlich ist und die Voraussetzungen des § 75 Absatz 1, 2 oder 4a Satz 1 vorliegen.

(3) 1Die in § 35 des Ersten Buches genannten Stellen dürfen die von ihnen für einen anderen Zweck erhobenen Sozialdaten auch zum Entwickeln, insbesondere zum Trainieren, Validieren und Testen, von KI-Modellen und KI-Systemen speichern, verändern oder nutzen, soweit die Daten dafür erforderlich sind, die Verwendung von anonymisierten Daten zu einer Verfälschung der Verarbeitungsergebnisse führen würde und die KI-Modelle und KI-Systeme der Erfüllung einer gesetzlichen Aufgabe nach diesem Gesetzbuch durch dieselbe Stelle dienen. 2Die Sozialdaten sind zu pseudonymisieren. 3Unter den in Satz 1 genannten Voraussetzungen dürfen die in § 35 des Ersten Buches genannten Stellen auch pseudonymisierte Sozialdaten von anderen in § 35 des Ersten Buches genannten Stellen erheben, speichern, verändern oder nutzen, soweit diese übermittelten Daten in einem sachlichen Zusammenhang zum Aufgabenbereich der erhebenden Stelle stehen. 4Die nach den Sätzen 1 bis 3 erhobenen, gespeicherten, veränderten oder genutzten Daten dürfen nur für die in Satz 1 genannten Zwecke verwendet werden; die Stellen nach den Sätzen 1 und 3 haben die hierfür angemessenen technischen und organisatorischen Vorkehrungen, wie technische Zugriffsbeschränkungen auf eine begrenzte Anzahl von Mitarbeitern, deren besondere Qualifizierung und eine technische Trennung von Datenbeständen nach ihren unterschiedlichen Verarbeitungszwecken, zu treffen sowie eine angemessene Löschfrist festzulegen. 5Soweit Daten nach Artikel 9 der Verordnung (EU) 2016/679 verarbeitet werden, gilt § 22 Absatz 2 des Bundesdatenschutzgesetzes entsprechend.

(4) 1Eine Speicherung, Veränderung oder Nutzung von Sozialdaten ist zulässig, wenn sie für die Wahrnehmung von Aufsichts-, Kontroll- und Disziplinarbefugnissen, der Rechnungsprüfung oder der Durchführung von Organisationsuntersuchungen für den Verantwortlichen oder für die Wahrung oder Wiederherstellung der Sicherheit und Funktionsfähigkeit eines informationstechnischen Systems durch das Bundesamt für Sicherheit in der Informationstechnik erforderlich ist. 2Das gilt auch für die Veränderung oder Nutzung zu Ausbildungs- und Prüfungszwecken durch den Verantwortlichen, soweit nicht überwiegende schutzwürdige Interessen der betroffenen Person entgegenstehen.

(5) Sozialdaten, die ausschließlich zu Zwecken der Datenschutzkontrolle, der Datensicherung oder zur Sicherstellung eines ordnungsgemäßen Betriebes einer Datenverarbeitungsanlage gespeichert werden, dürfen nur für diese Zwecke verändert, genutzt und in der Verarbeitung eingeschränkt werden.

(6) 1Für Zwecke der wissenschaftlichen Forschung oder Planung im Sozialleistungsbereich erhobene oder gespeicherte Sozialdaten dürfen von den in § 35 des Ersten Buches genannten Stellen nur für ein bestimmtes Vorhaben der wissenschaftlichen Forschung im Sozialleistungsbereich oder der Planung im Sozialleistungsbereich verändert oder genutzt werden. 2Die Sozialdaten sind zu anonymisieren, sobald dies nach dem Forschungs- oder Planungszweck möglich ist. 3Bis dahin sind die Merkmale gesondert zu speichern, mit denen Einzelangaben über persönliche oder sachliche Verhältnisse einer bestimmten oder bestimmbaren Person zugeordnet werden können. 4Sie dürfen mit den Einzelangaben nur zusammengeführt werden, soweit der Forschungs- oder Planungszweck dies erfordert.

(7) Die Speicherung und Nutzung der Identifikationsnummer nach dem Identifikationsnummerngesetz ist ausschließlich zum Zweck der eindeutigen Zuordnung der betroffenen Person bei der Erbringung von Verwaltungsleistungen nach dem Onlinezugangsgesetz zulässig sowie zur Qualitätssicherung nach § 10 des Identifikationsnummerngesetzes und zur Erfüllung der Aufgaben nach § 2 des Identifikationsnummerngesetzes.

§ 67d Übermittlungsgrundsätze

(1) 1Die Verantwortung für die Zulässigkeit der Bekanntgabe von Sozialdaten durch ihre Weitergabe an einen Dritten oder durch die Einsichtnahme oder den Abruf eines Dritten von zur Einsicht oder zum Abruf bereitgehaltenen Daten trägt die übermittelnde Stelle. 2Erfolgt die Übermittlung auf Ersuchen des Dritten, an den die Daten übermittelt werden, trägt dieser die Verantwortung für die Richtigkeit der Angaben in seinem Ersuchen.

(2) Sind mit Sozialdaten, die übermittelt werden dürfen, weitere personenbezogene Daten der betroffenen Person oder eines Dritten so verbunden, dass eine Trennung nicht oder nur mit unvertretbarem Aufwand möglich ist, so ist die Übermittlung auch dieser Daten nur zulässig, wenn schutzwürdige Interessen der betroffenen Person oder eines Dritten an deren Geheimhaltung nicht überwiegen; eine Veränderung oder Nutzung dieser Daten ist unzulässig.

(3) Die Übermittlung von Sozialdaten ist auch über Vermittlungsstellen im Rahmen einer Auftragsverarbeitung zulässig.

(4) 1Zur eindeutigen Zuordnung der betroffenen Person bei der Erbringung von Verwaltungsleistungen nach dem Onlinezugangsgesetz, bei Übermittlungen zur Qualitätssicherung gemäß § 10 des Identifikationsnummerngesetzes sowie zur Erfüllung der Aufgaben nach § 2 des Identifikationsnummerngesetzes ist die Übermittlung der Identifikationsnummer nach dem Identifikationsnummerngesetz mit dem Geburtsdatum der betroffenen Person zulässig. 2Dies gilt auch, wenn in den Rechtsvorschriften zur Übermittlung von Sozialdaten nach diesem Gesetzbuch die Daten nach Satz 1 nicht aufgeführt werden, ihre Übermittlung aber zu den in Satz 1 genannten Zwecken erforderlich ist.

§ 67e Erhebung und Übermittlung zur Bekämpfung von Leistungsmissbrauch und illegaler Ausländerbeschäftigung

1Bei der Prüfung nach § 2 des Schwarzarbeitsbekämpfungsgesetzes oder nach § 28p des Vierten Buches darf bei der überprüften Person zusätzlich erfragt werden,

1. ob und welche Art von Sozialleistungen nach diesem Gesetzbuch oder Leistungen nach dem Asylbewerberleistungsgesetz sie bezieht und von welcher Stelle sie diese Leistungen bezieht,
2. bei welcher Krankenkasse sie versichert oder ob sie als Selbständige tätig ist,
3. ob und welche Art von Beiträgen nach diesem Gesetzbuch sie abführt und
4. ob und welche ausländischen Arbeitnehmerinnen und Arbeitnehmer sie mit einer für ihre Tätigkeit erforderlichen Genehmigung und nicht zu ungünstigeren Arbeitsbedingungen als vergleichbare deutsche Arbeitnehmerinnen und Arbeitnehmer beschäftigt.

2Zu Prüfzwecken dürfen die Antworten auf Fragen nach Satz 1 Nummer 1 an den jeweils zuständigen Leistungsträger und nach Satz 1 Nummer 2 bis 4 an die jeweils zuständige Einzugsstelle und die Bundesagentur für Arbeit übermittelt werden. 3Der Empfänger hat die Prüfung unverzüglich durchzuführen.

§ 67f Erhebung und Übermittlung von Sozialdaten zur Nachweiserbringung

(1) 1Wird ein Verwaltungsverfahren elektronisch durchgeführt, ist die Erhebung von Sozialdaten zulässig, wenn nach Wahl der betroffenen Person

1. die nachweisanfordernde Stelle den jeweiligen Nachweis automatisiert bei der nachweisliefernden Stelle abruft, sofern der jeweils erforderliche Nachweis elektronisch vorliegt und ohne zeitlichen Verzug automatisiert abgerufen werden kann, oder
2. die betroffene Person den jeweiligen Nachweis elektronisch einreicht.

2Nachweise sind Unterlagen und Daten jeder Art unabhängig vom verwendeten Medium, die zur Ermittlung des Sachverhalts geeignet sind. 3Nachweisanfordernde Stelle kann die für die Entscheidung zuständige Behörde oder eine andere öffentliche Stelle sein, die dafür zuständig ist, Nachweise einzuholen und an die für die Entscheidung zuständige Behörde weiterzuleiten. 4Nachweisliefernde Stelle ist diejenige öffentliche Stelle, die dafür zuständig ist, den Nachweis auszustellen.

(2) 1Hat sich die betroffene Person für den automatisierten Nachweisabruf entschieden, darf die nachweisanfordernde Stelle den Nachweis der betroffenen Person bei der nachweisliefernden Stelle abrufen und die nachweisliefernde Stelle den Nachweis an die nachweisanfordernde Stelle übermitteln, wenn

1. dies zur Erfüllung der Aufgabe der nachweisanfordernden Stelle erforderlich ist und
2. die nachweisanfordernde Stelle den Nachweis auch auf Grund anderer Rechtsvorschriften bei der betroffenen Person erheben dürfte.

2Die in Absatz 1 Satz 3 zweite Alternative genannte andere öffentliche Stelle darf den Nachweis an die für die Entscheidung zuständige Stelle übermitteln. 3Die Datenübermittlungen zwischen öffentlichen Stellen nach diesem Absatz sind durch die jeweiligen Stellen in einer Weise zu protokollieren, die eine Kontrolle der Zulässigkeit von Datenabrufen technisch unterstützt. 4Die Pflicht nach Satz 3 gilt ab dem Tag, der dem Tag folgt, an dem das Bundesministerium des Innern und für Heimat im Bundesanzeiger bekannt gibt, dass die technischen und rechtlichen Voraussetzungen für eine Anzeige der Datenübermittlungen nach diesem Absatz im Datenschutzcockpit nach § 10 des Onlinezugangsgesetzes vorliegen. 5§ 9 Absatz 2 und 3 des Identifikationsnummerngesetzes gilt ab diesem Zeitpunkt entsprechend.

(3) 1Soll der Nachweis aus einem Register, welches in der Anlage zum Identifikationsnummerngesetz aufgeführt ist, abgerufen werden, darf die nachweisanfordernde Stelle die Identifikationsnummer nach § 1 des Identifikationsnummerngesetzes zur Zuordnung der Datensätze der betroffenen Person und zum Abruf des Nachweises an die nachweisliefernde Stelle übermitteln. 2Das Nachweisabrufersuchen darf zusätzlich weitere Daten im Sinne von § 4 Absatz 2 und 3 des Identifikationsnummerngesetzes, in der Regel das Geburtsdatum, zur Validierung der Zuordnung enthalten. 3Zu diesem Zweck darf die nachweisliefernde Stelle diese Daten verarbeiten.

(4) 1Bevor die für die Entscheidung zuständige Behörde den abgerufenen Nachweis verwenden darf, hat die betroffene Person im Fall des Absatzes 1 Satz 1 Nummer 1 die Möglichkeit, den Nachweis vorab einzusehen. 2Die betroffene Person kann entscheiden, ob der Nachweis für das Verwaltungsverfahren verwendet werden soll.

(5) Die Verantwortung für die Zulässigkeit der Nachweiserhebung und des Nachweisabrufs nach Absatz 1 Satz 1 Nummer 1 trägt die nachweisanfordernde Stelle.

§ 68 Übermittlung für Aufgaben der Polizeibehörden, der Staatsanwaltschaften, Gerichte und der Behörden der Gefahrenabwehr

(1) 1Zur Erfüllung von Aufgaben der Polizeibehörden, der Staatsanwaltschaften und Gerichte, der Behörden der Gefahrenabwehr und der Justizvollzugsanstalten dürfen im Einzelfall auf Ersuchen Name, Vorname, Geburtsdatum, Geburtsort, derzeitige Anschrift der betroffenen Person, ihr derzeitiger oder zukünftiger Aufenthaltsort sowie Namen, Vornamen oder Firma und Anschriften ihrer derzeitigen Arbeitgeber übermittelt werden, soweit kein Grund zu der Annahme besteht, dass dadurch schutzwürdige Interessen der betroffenen Person beeinträchtigt werden, und wenn das Ersuchen nicht länger als sechs Monate zurückliegt. 2Die ersuchte Stelle ist über § 4 Absatz 3 hinaus zur Übermittlung auch dann nicht verpflichtet, wenn sich die ersuchende Stelle die Angaben auf andere Weise beschaffen kann. 3Satz 2 findet keine Anwendung, wenn das Amtshilfeersuchen zur Durchführung einer Vollstreckung nach § 66 erforderlich ist.

(1a) Zu dem in § 7 Absatz 3 des Internationalen Familienrechtsverfahrensgesetzes bezeichneten Zweck ist es zulässig, der in dieser Vorschrift bezeichneten Zentralen Behörde auf Ersuchen im Einzelfall den derzeitigen Aufenthalt der betroffenen Person zu übermitteln, soweit kein Grund zur Annahme besteht, dass dadurch schutzwürdige Interessen der betroffenen Person beeinträchtigt werden.

(2) Über das Übermittlungsersuchen entscheidet der Leiter oder die Leiterin der ersuchten Stelle,

dessen oder deren allgemeiner Stellvertreter oder allgemeine Stellvertreterin oder eine besonders bevollmächtigte bedienstete Person.

(3) 1Eine Übermittlung der in Absatz 1 Satz 1 genannten Sozialdaten, von Angaben zur Staats- und Religionsangehörigkeit, früherer Anschriften der betroffenen Personen, von Namen und Anschriften früherer Arbeitgeber der betroffenen Personen sowie von Angaben über an betroffene Personen erbrachte oder demnächst zu erbringende Geldleistungen ist zulässig, soweit sie zur Durchführung einer nach Bundes- oder Landesrecht zulässigen Rasterfahndung erforderlich ist. 2Die Verantwortung für die Zulässigkeit der Übermittlung trägt abweichend von § 67d Absatz 1 Satz 1 der Dritte, an den die Daten übermittelt werden. 3Die übermittelnde Stelle prüft nur, ob das Übermittlungsersuchen im Rahmen der Aufgaben des Dritten liegt, an den die Daten übermittelt werden, es sei denn, dass besonderer Anlass zur Prüfung der Zulässigkeit der Übermittlung besteht.

§ 69 Übermittlung für die Erfüllung sozialer Aufgaben

(1) Eine Übermittlung von Sozialdaten ist zulässig, soweit sie erforderlich ist

1. für die Erfüllung der Zwecke, für die sie erhoben worden sind, oder für die Erfüllung einer gesetzlichen Aufgabe der übermittelnden Stelle nach diesem Gesetzbuch oder einer solchen Aufgabe des Dritten, an den die Daten übermittelt werden, wenn er eine in § 35 des Ersten Buches genannte Stelle ist,
2. für die Durchführung eines mit der Erfüllung einer Aufgabe nach Nummer 1 zusammenhängenden gerichtlichen Verfahrens einschließlich eines Strafverfahrens,
3. für die Richtigstellung unwahrer Tatsachenbehauptungen der betroffenen Person im Zusammenhang mit einem Verfahren über die Erbringung von Sozialleistungen; die Übermittlung bedarf der vorherigen Genehmigung durch die zuständige oberste Bundes- oder Landesbehörde oder
4. für das Entwickeln von KI-Modellen und KI-Systemen unter den Voraussetzungen des § 67c Absatz 3 Satz 3 bis 5.

(2) Für die Erfüllung einer gesetzlichen oder sich aus einem Tarifvertrag ergebenden Aufgabe sind den in § 35 des Ersten Buches genannten Stellen gleichgestellt

1. die Stellen, die Leistungen nach dem Lastenausgleichsgesetz, dem Bundesentschädigungsgesetz, dem Strafrechtlichen Rehabilitierungsgesetz, dem Beruflichen Rehabilitierungsgesetz, dem Gesetz über die Entschädigung für Strafverfolgungsmaßnahmen, dem Unterhaltssicherungsgesetz, dem Beamtenversorgungsgesetz und den Vorschriften, die auf das Beamtenversorgungsgesetz verweisen, dem Soldatenentschädigungsgesetz, dem Anspruchs- und Anwartschaftsüberführungsgesetz und den Vorschriften der Länder über die Gewährung von Blinden- und Pflegegeldleistungen zu erbringen haben,
2. die gemeinsamen Einrichtungen der Tarifvertragsparteien im Sinne des § 4 Absatz 2 des Tarifvertragsgesetzes, die Zusatzversorgungseinrichtungen des öffentlichen Dienstes und die öffentlich-rechtlichen Zusatzversorgungseinrichtungen,
3. die Bezügestellen des öffentlichen Dienstes, soweit sie kindergeldabhängige Leistungen des Besoldungs-, Versorgungs- und Tarifrechts unter Verwendung von personenbezogenen Kindergelddaten festzusetzen haben.

(3) Die Übermittlung von Sozialdaten durch die Bundesagentur für Arbeit an die Krankenkassen ist zulässig, soweit sie erforderlich ist, den Krankenkassen die Feststellung der Arbeitgeber zu ermöglichen, die am Ausgleich der Arbeitgeberaufwendungen nach dem Aufwendungsausgleichsgesetz teilnehmen.

(4) Die Krankenkassen sind befugt, einem Arbeitgeber mitzuteilen, ob die Fortdauer einer Arbeitsunfähigkeit oder eine erneute Arbeitsunfähigkeit eines Arbeitnehmers auf derselben Krankheit beruht; die Übermittlung von Diagnosedaten an den Arbeitgeber ist nicht zulässig.

(5) Die Übermittlung von Sozialdaten ist zulässig für die Erfüllung der gesetzlichen Aufgaben der Rechnungshöfe und der anderen Stellen, auf die § 67c Absatz 4 Satz 1 Anwendung findet.

§ 70 Übermittlung für die Durchführung des Arbeitsschutzes

Eine Übermittlung von Sozialdaten ist zulässig, soweit sie zur Erfüllung der gesetzlichen Aufgaben der für den Arbeitsschutz zuständigen staatlichen Behörden oder der Bergbehörden bei der Durchführung des Arbeitsschutzes erforderlich ist und schutzwürdige Interessen der betroffenen Person nicht beeinträchtigt werden oder das öffentliche Interesse an der Durchführung des Arbeitsschutzes das Geheimhaltungsinteresse der betroffenen Person erheblich überwiegt.

§ 71 Übermittlung für die Erfüllung besonderer gesetzlicher Pflichten und Mitteilungsbefugnisse

(1) 1Eine Übermittlung von Sozialdaten ist zulässig, soweit sie erforderlich ist für die Erfüllung der gesetzlichen Mitteilungspflichten

1. zur Abwendung geplanter Straftaten nach §138 des Strafgesetzbuches,
2. zum Schutz der öffentlichen Gesundheit nach §8 des Infektionsschutzgesetzes,
3. zur Sicherung des Steueraufkommens nach §22a des Einkommensteuergesetzes und den §§93, 97, 105, 111 Absatz 1 und 5, §116 der Abgabenordnung und §32b Absatz 3 des Einkommensteuergesetzes, soweit diese Vorschriften unmittelbar anwendbar sind, und zur Mitteilung von Daten der ausländischen Unternehmen, die auf Grund bilateraler Regierungsvereinbarungen über die Beschäftigung von Arbeitnehmern zur Ausführung von Werkverträgen tätig werden, nach §93a der Abgabenordnung,
4. zur Gewährung und Prüfung des Sonderausgabenabzugs nach §10 des Einkommensteuergesetzes,
5. zur Überprüfung der Voraussetzungen für die Einziehung der Ausgleichszahlungen und für die Leistung von Wohngeld nach §33 des Wohngeldgesetzes,
6. zur Bekämpfung von Schwarzarbeit und illegaler Beschäftigung nach dem Schwarzarbeitsbekämpfungsgesetz,
7. zur Mitteilung in das Gewerbezentralregister und das Wettbewerbsregister einzutragender Tatsachen an die Registerbehörde,
8. zur Erfüllung der Aufgaben der statistischen Ämter der Länder und des Statistischen Bundesamtes gemäß §3 Absatz 1 des Statistikregistergesetzes zum Aufbau und zur Führung des Statistikregisters,
9. zur Aktualisierung des Betriebsregisters nach §97 Absatz 5 des Agrarstatistikgesetzes,
10. zur Erfüllung der Aufgaben der Deutschen Rentenversicherung Bund als zentraler Stelle nach §22a und §91 Absatz 1 Satz 1 des Einkommensteuergesetzes,
11. zur Erfüllung der Aufgaben der Deutschen Rentenversicherung Knappschaft-Bahn-See, soweit sie bei geringfügig Beschäftigten Aufgaben nach dem Einkommensteuergesetz durchführt,
12. zur Erfüllung der Aufgaben des Statistischen Bundesamtes nach §5a Absatz 1 in Verbindung mit Absatz 3 des Bundesstatistikgesetzes sowie nach §7 des Registerzensuserprobungsgesetzes zum Zwecke der Entwicklung von Verfahren für die zuverlässige Zuordnung von Personendatensätzen aus ihren Datenbeständen und von Verfahren der Qualitätssicherung eines Registerzensus,
13. nach §58 des Energiefinanzierungsgesetzes zur Berechnung der Bruttowertschöpfung im Verfahren der Besonderen Ausgleichsregelung,
14. nach §6 Absatz 3 des Wohnungslosenberichterstattungsgesetzes für die Erhebung über wohnungslose Personen,
15. nach §4 des Sozialdienstleister-Einsatzgesetzes für die Feststellung des nachträglichen Erstattungsanspruchs oder
16. nach §5 Absatz 1 des Rentenübersichtsgesetzes zur Erfüllung der Aufgaben der Zentralen Stelle für die Digitale Rentenübersicht.

$_2$Erklärungspflichten als Drittschuldner, welche das Vollstreckungsrecht vorsieht, werden durch Bestimmungen dieses Gesetzbuches nicht berührt. $_3$Eine Übermittlung von Sozialdaten ist zulässig, soweit sie erforderlich ist für die Erfüllung der gesetzlichen Pflichten zur Sicherung und Nutzung von Archivgut des Bundes nach §1 Nummer 8 und 9, §3 Absatz 4, nach den §§5 bis 7 sowie nach den §§10 bis 13 des Bundesarchivgesetzes oder nach entsprechenden gesetzlichen Vorschriften der Länder, die die Schutzfristen dieses Gesetzes nicht unterschreiten. $_4$Eine Übermittlung von Sozialdaten ist auch zulässig, soweit sie erforderlich ist, Meldebehörden nach §6 Absatz 2 des Bundesmeldegesetzes über konkrete Anhaltspunkte für die Unrichtigkeit oder Unvollständigkeit von diesen auf Grund Melderechts übermittelter Daten zu unterrichten. $_5$Zur Überprüfung des Anspruchs auf Kindergeld ist die Übermittlung von Sozialdaten gemäß §68 Absatz 7 des Einkommensteuergesetzes an die Familienkassen zulässig. $_6$Eine Übermittlung von Sozialdaten ist auch zulässig, soweit sie zum Schutz des Kindeswohls nach §4 Absatz 1 und 5 des Gesetzes zur Kooperation und Information im Kinderschutz erforderlich ist. $_7$Eine Übermittlung von Sozialdaten ist zulässig, soweit sie für die Qualitätssicherung nach §10 des Identifikationsnummerngesetzes erforderlich ist.

(2) $_1$Eine Übermittlung von Sozialdaten eines Ausländers ist auch zulässig, soweit sie erforderlich ist

1. im Einzelfall auf Ersuchen der mit der Ausführung des Aufenthaltsgesetzes betrauten Behörden nach §87 Absatz 1 des Aufenthaltsgesetzes mit der Maßgabe, dass über die Angaben nach §68 hinaus nur mitgeteilt werden können
   a) für die Entscheidung über den Aufenthalt des Ausländers oder eines Familienangehörigen des Ausländers Daten über die Gewährung oder Nichtgewährung von Leistungen, Daten über frühere und bestehende Versicherungen und das Nichtbestehen einer Versicherung,
   b) für die Entscheidung über den Aufenthalt oder über die ausländerrechtliche Zulassung oder Beschränkung einer Erwerbstätigkeit des Ausländers Daten über die Zustimmung nach §4a Absatz 2 Satz 1, §16a Absatz 1

Satz 1 und § 18 Absatz 2 Nummer 2 des Aufenthaltsgesetzes,

c) für eine Entscheidung über den Aufenthalt des Ausländers Angaben darüber, ob die in § 54 Absatz 2 Nummer 4 des Aufenthaltsgesetzes bezeichneten Voraussetzungen vorliegen, und

d) durch die Jugendämter für die Entscheidung über den weiteren Aufenthalt oder die Beendigung des Aufenthalts eines Ausländers, bei dem ein Ausweisungsgrund nach den §§ 53 bis 56 des Aufenthaltsgesetzes vorliegt, Angaben über das zu erwartende soziale Verhalten,

2. für die Erfüllung der in § 87 Absatz 2 des Aufenthaltsgesetzes oder in § 11 Abs. 7 des Freizügigkeitsgesetzes/EU bezeichneten Mitteilungspflichten,
3. für die Erfüllung der in § 99 Absatz 1 Nummer 14 Buchstabe d, f und j des Aufenthaltsgesetzes bezeichneten Mitteilungspflichten, wenn die Mitteilung die Erteilung, den Widerruf oder Beschränkungen der Zustimmung nach § 4 Absatz 2 Satz 1, § 16a Absatz 1 Satz 1 und § 18 Absatz 2 Nummer 2 des Aufenthaltsgesetzes oder eines Versicherungsschutzes oder die Gewährung von Leistungen zur Sicherung des Lebensunterhalts nach dem Zweiten Buch betrifft,
4. für die Erfüllung der in § 6 Absatz 1 Nummer 8 in Verbindung mit Absatz 2 Nummer 6 des Gesetzes über das Ausländerzentralregister bezeichneten Mitteilungspflichten,
5. für die Erfüllung der in § 32 Absatz 1 Satz 1 und 2 des Staatsangehörigkeitsgesetzes bezeichneten Mitteilungspflichten oder
6. für die Erfüllung der nach § 8 Absatz 1c des Asylgesetzes bezeichneten Mitteilungspflichten der Träger der Grundsicherung für Arbeitsuchende.

2Daten über die Gesundheit eines Ausländers dürfen nur übermittelt werden,

1. wenn der Ausländer die öffentliche Gesundheit gefährdet und besondere Schutzmaßnahmen zum Ausschluss der Gefährdung nicht möglich sind oder von dem Ausländer nicht eingehalten werden oder
2. soweit sie für die Feststellung erforderlich sind, ob die Voraussetzungen des § 54 Absatz 2 Nummer 4 des Aufenthaltsgesetzes vorliegen.

(2a) Eine Übermittlung personenbezogener Daten eines Leistungsberechtigten nach § 1 des Asylbewerberleistungsgesetzes ist zulässig, soweit sie für die Durchführung des Asylbewerberleistungsgesetzes erforderlich ist.

(3) 1Eine Übermittlung von Sozialdaten ist zulässig, soweit es nach pflichtgemäßem Ermessen eines Leistungsträgers erforderlich ist, dem Betreuungsgericht die Bestellung eines Betreuers oder eine andere Maßnahme in Betreuungssachen zu ermöglichen. 2§ 9 des Betreuungsorganisationsgesetzes gilt entsprechend. 3Eine Übermittlung von Sozialdaten ist auch zulässig, soweit sie im Einzelfall für die Erfüllung der Aufgaben der Betreuungsbehörden nach § 8 des Betreuungsorganisationsgesetzes erforderlich ist.

(4) 1Eine Übermittlung von Sozialdaten ist außerdem zulässig, soweit sie im Einzelfall für die rechtmäßige Erfüllung der in der Zuständigkeit der Zentralstelle für Finanztransaktionsuntersuchungen liegenden Aufgaben nach § 28 Absatz 1 Satz 2 Nummer 2 des Geldwäschegesetzes erforderlich ist. 2Die Übermittlung ist auf Angaben über Name, Vorname sowie früher geführte Namen, Geburtsdatum, Geburtsort, derzeitige und frühere Anschriften der betroffenen Person sowie Namen und Anschriften seiner derzeitigen und früheren Arbeitgeber beschränkt.

§ 72 Übermittlung für den Schutz der inneren und äußeren Sicherheit

(1) 1Eine Übermittlung von Sozialdaten ist zulässig, soweit sie im Einzelfall für die rechtmäßige Erfüllung der in der Zuständigkeit der Behörden für Verfassungsschutz, des Bundesnachrichtendienstes, des Militärischen Abschirmdienstes und des Bundeskriminalamtes liegenden Aufgaben erforderlich ist. 2Die Übermittlung ist auf Angaben über Name und Vorname sowie früher geführte Namen, Geburtsdatum, Geburtsort, derzeitige und frühere Anschriften der betroffenen Person sowie Namen und Anschriften ihrer derzeitigen und früheren Arbeitgeber beschränkt.

(2) 1Über die Erforderlichkeit des Übermittlungsersuchens entscheidet eine von dem Leiter oder der Leiterin der ersuchenden Stelle bestimmte beauftragte Person, die die Befähigung zum Richteramt haben soll. 2Wenn eine oberste Bundes- oder Landesbehörde für die Aufsicht über die ersuchende Stelle zuständig ist, ist sie über die gestellten Übermittlungsersuchen zu unterrichten. 3Bei der ersuchten Stelle entscheidet über das Übermittlungsersuchen der Behördenleiter oder die Behördenleiterin oder dessen oder deren allgemeiner Stellvertreter oder allgemeine Stellvertreterin.

§ 73 Übermittlung für die Durchführung eines Strafverfahrens

(1) Eine Übermittlung von Sozialdaten ist zulässig, soweit sie zur Durchführung eines Strafverfahrens wegen eines Verbrechens oder wegen einer sonstigen Straftat von erheblicher Bedeutung erforderlich ist.

(2) Eine Übermittlung von Sozialdaten zur Durchführung eines Strafverfahrens wegen einer anderen Straftat ist zulässig, soweit die Übermittlung auf die in § 72 Absatz 1 Satz 2 genannten Angaben und die Angaben über erbrachte oder demnächst zu erbringende Geldleistungen beschränkt ist.

(3) Die Übermittlung nach den Absätzen 1 und 2 ordnet der Richter oder die Richterin an.

§ 74 Übermittlung bei Verletzung der Unterhaltspflicht und beim Versorgungsausgleich

(1) $_{1}$Eine Übermittlung von Sozialdaten ist zulässig, soweit sie erforderlich ist

1. für die Durchführung
   a) eines gerichtlichen Verfahrens oder eines Vollstreckungsverfahrens wegen eines gesetzlichen oder vertraglichen Unterhaltsanspruchs oder eines an seine Stelle getretenen Ersatzanspruchs oder
   b) eines Verfahrens über den Versorgungsausgleich nach § 220 des Gesetzes über das Verfahren in Familiensachen und in den Angelegenheiten der freiwilligen Gerichtsbarkeit oder
2. für die Geltendmachung
   a) eines gesetzlichen oder vertraglichen Unterhaltsanspruchs außerhalb eines Verfahrens nach Nummer 1 Buchstabe a, soweit die betroffene Person nach den Vorschriften des bürgerlichen Rechts, insbesondere nach § 1605 oder nach § 1361 Absatz 4 Satz 4, § 1580 Satz 2, § 1615a oder § 1615l Absatz 3 Satz 1 in Verbindung mit § 1605 des Bürgerlichen Gesetzbuchs, zur Auskunft verpflichtet ist, oder
   b) eines Ausgleichsanspruchs im Rahmen des Versorgungsausgleichs außerhalb eines Verfahrens nach Nummer 1 Buchstabe b, soweit die betroffene Person nach § 4 Absatz 1 des Versorgungsausgleichsgesetzes zur Auskunft verpflichtet ist, oder
3. für die Anwendung der Öffnungsklausel des § 22 Nummer 1 Satz 3 Buchstabe a Doppelbuchstabe bb Satz 2 des Einkommensteuergesetzes auf eine im Versorgungsausgleich auf die ausgleichsberechtigte Person übertragene Rentenanwartschaft, soweit die ausgleichspflichtige Person nach § 22 Nummer 1 Satz 3 Buchstabe a Doppelbuchstabe bb Satz 2 des Einkommensteuergesetzes in Verbindung mit § 4 Absatz 1 des Versorgungsausgleichsgesetzes zur Auskunft verpflichtet ist.

$_{2}$In den Fällen des Satzes 1 Nummer 2 und 3 ist eine Übermittlung nur zulässig, wenn die auskunftspflichtige Person ihre Pflicht, nachdem sie unter Hinweis auf die in diesem Buch enthaltene Übermittlungsbefugnis der in § 35 des Ersten Buches genannten Stellen gemahnt wurde, innerhalb angemessener Frist nicht oder nicht vollständig erfüllt hat. $_{3}$Diese Stellen dürfen die Anschrift der auskunftspflichtigen Person zum Zwecke der Mahnung übermitteln.

(2) Eine Übermittlung von Sozialdaten durch die Träger der gesetzlichen Rentenversicherung und durch die Träger der Grundsicherung für Arbeitsuchende ist auch zulässig, soweit sie für die Erfüllung der nach § 5 des Auslandsunterhaltsgesetzes der zentralen Behörde (§ 4 des Auslandsunterhaltsgesetzes) obliegenden Aufgaben und zur Erreichung der in den §§ 16 und 17 des Auslandsunterhaltsgesetzes bezeichneten Zwecke erforderlich ist.

§ 74a Übermittlung zur Durchsetzung öffentlich-rechtlicher Ansprüche und im Vollstreckungsverfahren

(1) $_{1}$Zur Durchsetzung von öffentlich-rechtlichen Ansprüchen dürfen im Einzelfall auf Ersuchen Name, Vorname, Geburtsdatum, Geburtsort, derzeitige Anschrift der betroffenen Person, ihr derzeitiger oder zukünftiger Aufenthaltsort sowie Namen, Vornamen oder Firma und Anschriften ihrer derzeitigen Arbeitgeber übermittelt werden, soweit kein Grund zu der Annahme besteht, dass dadurch schutzwürdige Interessen der betroffenen Person beeinträchtigt werden, und wenn das Ersuchen nicht länger als sechs Monate zurückliegt. $_{2}$Die ersuchte Stelle ist über § 4 Absatz 3 hinaus zur Übermittlung auch dann nicht verpflichtet, wenn sich die ersuchende Stelle die Angaben auf andere Weise beschaffen kann. $_{3}$Satz 2 findet keine Anwendung, wenn das Amtshilfeersuchen zur Durchführung einer Vollstreckung nach § 66 erforderlich ist.

(2) $_{1}$Zur Durchführung eines Vollstreckungsverfahrens dürfen die Träger der gesetzlichen Rentenversicherung im Einzelfall auf Ersuchen des Gerichtsvollziehers die derzeitige Anschrift der betroffenen Person, ihren derzeitigen oder zukünftigen Aufenthaltsort sowie Namen, Vornamen oder Firma und Anschriften ihrer derzeitigen Arbeitgeber übermitteln, soweit kein Grund zu der Annahme besteht, dass dadurch schutzwürdige Interessen der betroffenen Person beeinträchtigt werden, und das Ersuchen nicht länger als sechs Monate zurückliegt. $_{2}$Die Träger der gesetzlichen Rentenversicherung sind über § 4 Absatz 3 hinaus zur Übermittlung auch dann nicht verpflichtet, wenn sich die ersuchende Stelle die Angaben auf andere Weise beschaffen kann. $_{3}$Die Übermittlung ist nur zulässig, wenn

1. die Ladung zu dem Termin zur Abgabe der Vermögensauskunft an den Schuldner nicht zustellbar ist und

a) die Anschrift, unter der die Zustellung ausgeführt werden sollte, mit der Anschrift übereinstimmt, die von einer der in § 755 Absatz 1 und 2 der Zivilprozessordnung genannten Stellen innerhalb von drei Monaten vor oder nach dem Zustellungsversuch mitgeteilt wurde, oder
b) die Meldebehörde nach dem Zustellungsversuch die Auskunft erteilt, dass ihr keine derzeitige Anschrift des Schuldners bekannt ist, oder
c) die Meldebehörde innerhalb von drei Monaten vor Erteilung des Vollstreckungsauftrags die Auskunft erteilt hat, dass ihr keine derzeitige Anschrift des Schuldners bekannt ist,

2. der Schuldner seiner Pflicht zur Abgabe der Vermögensauskunft in dem dem Ersuchen zugrundeliegenden Vollstreckungsverfahren nicht nachkommt,
3. bei einer Vollstreckung in die in der Vermögensauskunft aufgeführten Vermögensgegenstände eine vollständige Befriedigung des Gläubigers voraussichtlich nicht zu erwarten ist oder
4. die Anschrift oder der derzeitige oder zukünftige Aufenthaltsort des Schuldners trotz Anfrage bei der Meldebehörde nicht bekannt ist.

4Der Gerichtsvollzieher hat in seinem Ersuchen zu bestätigen, dass diese Voraussetzungen vorliegen. 5Das Ersuchen und die Auskunft sind elektronisch zu übermitteln.

(3) 1Ersucht ein Insolvenzgericht nach § 98 Absatz 1a der Insolvenzordnung die Träger der gesetzlichen Rentenversicherung um Übermittlung des Namens und der Vornamen oder der Firma sowie der Anschrift der derzeitigen Arbeitgeber der betroffenen Person, so dürfen die Träger der gesetzlichen Rentenversicherung diese Daten vorbehaltlich der Sätze 2 bis 4 im Einzelfall übermitteln, wenn versicherungspflichtige Beschäftigungsverhältnisse der betroffenen Person vorliegen. 2Eine Übermittlung nach Satz 1 ist nur dann zulässig, wenn

1. eine Aufforderung zur Auskunftserteilung nach § 97 Absatz 1 der Insolvenzordnung nicht zustellbar ist und
   a) die Anschrift, unter der die Zustellung ausgeführt werden sollte, mit der Anschrift übereinstimmt, die von einer der in § 755 Absatz 1 und 2 der Zivilprozessordnung genannten Stellen innerhalb von drei Monaten vor oder nach dem Zustellungsversuch mitgeteilt wurde, oder
   b) die Meldebehörde nach dem Zustellungsversuch die Auskunft erteilt, dass ihr keine derzeitige Anschrift des Schuldners bekannt ist, oder
   c) die Meldebehörde innerhalb von drei Monaten vor der Aufforderung zur Auskunftserteilung die Auskunft erteilt hat, dass ihr keine derzeitige Anschrift des Schuldners bekannt ist;
2. der Schuldner seiner Auskunftspflicht nach § 97 der Insolvenzordnung nicht nachkommt oder
3. dies aus anderen Gründen zur Erreichung der Zwecke des Insolvenzverfahrens erforderlich erscheint.

3Die Träger der gesetzlichen Rentenversicherung sind zur Übermittlung nicht verpflichtet, wenn sich das Insolvenzgericht die Angaben auf andere Weise beschaffen kann oder wenn Grund zu der Annahme besteht, dass durch die Übermittlung schutzwürdige Interessen der betroffenen Person beeinträchtigt werden; § 4 Absatz 3 bleibt unberührt. 4Das Insolvenzgericht hat in seinem Ersuchen zu bestätigen, dass die Voraussetzungen des Satzes 2 vorliegen. 5Das Ersuchen und die Auskunft sind elektronisch zu übermitteln.

§ 75 Übermittlung von Sozialdaten für die Forschung und Planung

(1) 1Eine Übermittlung von Sozialdaten ist zulässig, soweit sie erforderlich ist für ein bestimmtes Vorhaben

1. der wissenschaftlichen Forschung im Sozialleistungsbereich oder der wissenschaftlichen Arbeitsmarkt- und Berufsforschung oder
2. der Planung im Sozialleistungsbereich durch eine öffentliche Stelle im Rahmen ihrer Aufgaben

und schutzwürdige Interessen der betroffenen Person nicht beeinträchtigt werden oder das öffentliche Interesse an der Forschung oder Planung das Geheimhaltungsinteresse der betroffenen Person erheblich überwiegt. 2Eine Übermittlung ohne Einwilligung der betroffenen Person ist nicht zulässig, soweit es zumutbar ist, ihre Einwilligung einzuholen. 3Angaben über den Namen und Vornamen, die Anschrift, die Telefonnummer sowie die für die Einleitung eines Vorhabens nach Satz 1 zwingend erforderlichen Strukturmerkmale der betroffenen Person können für Befragungen auch ohne Einwilligungen übermittelt werden. 4Der nach Absatz 4 Satz 1 zuständigen Behörde ist ein Datenschutzkonzept vorzulegen.

(2) Ergibt sich aus dem Vorhaben nach Absatz 1 Satz 1 eine Forschungsfrage, die in einem inhaltlichen Zusammenhang mit diesem steht, können hierzu auf Antrag die Frist nach Absatz 4 Satz 5 Nummer 4 zur Verarbeitung der erforderlichen Sozialdaten verlängert oder eine neue Frist festgelegt und weitere erforderliche Sozialdaten übermittelt werden.

(3) 1Soweit nach Absatz 1 oder 2 besondere Kategorien von Daten im Sinne von Artikel 9 Absatz 1

der Verordnung (EU) 2016/679 an einen Dritten übermittelt oder nach Absatz 4a von einem Dritten verarbeitet werden, sieht dieser bei der Verarbeitung angemessene und spezifische Maßnahmen zur Wahrung der Interessen der betroffenen Person gemäß § 22 Absatz 2 Satz 2 des Bundesdatenschutzgesetzes vor. 2Ergänzend zu den dort genannten Maßnahmen sind die besonderen Kategorien von Daten im Sinne des Artikels 9 Absatz 1 der Verordnung (EU) 2016/679 zu anonymisieren, sobald dies nach dem Forschungszweck möglich ist.

(4) 1Die Übermittlung nach Absatz 1 und die weitere Verarbeitung, einschließlich einer Verarbeitung von Sozialdaten mit weiteren Daten, sowie die Übermittlung nach Absatz 2 bedürfen der vorherigen Genehmigung durch die oberste Bundes- oder Landesbehörde, die für den Bereich, aus dem die Daten herrühren, zuständig ist. 2Die oberste Bundesbehörde kann das Genehmigungsverfahren bei Anträgen von Versicherungsträgern nach § 1 Absatz 1 Satz 1 des Vierten Buches oder von deren Verbänden auf das Bundesversicherungsamt übertragen. 3Eine Übermittlung von Sozialdaten an eine nicht-öffentliche Stelle und eine weitere Verarbeitung durch diese nach Absatz 2 darf nur genehmigt werden, wenn sich die nicht-öffentliche Stelle gegenüber der Genehmigungsbehörde verpflichtet hat, die Daten nur für den vorgesehenen Zweck zu verarbeiten. 4Die Genehmigung darf im Hinblick auf die Wahrung des Sozialgeheimnisses nur versagt werden, wenn die Voraussetzungen des Absatzes 1, 2 oder 4a nicht vorliegen. 5Sie muss

1. den Dritten, an den die Daten übermittelt werden,
2. die Art der zu übermittelnden Sozialdaten und den Kreis der betroffenen Personen,
3. die wissenschaftliche Forschung oder die Planung, zu der die übermittelten Sozialdaten verarbeitet werden dürfen, und
4. den Tag, bis zu dem die übermittelten Sozialdaten verarbeitet werden dürfen,

genau bezeichnen und steht auch ohne besonderen Hinweis unter dem Vorbehalt der nachträglichen Aufnahme, Änderung oder Ergänzung einer Auflage. 6Nach Ablauf der Frist nach Satz 5 Nummer 4 können die verarbeiteten Daten bis zu zehn Jahre lang gespeichert werden, um eine Nachprüfung der Forschungsergebnisse auf der Grundlage der ursprünglichen Datenbasis sowie eine Verarbeitung für weitere Forschungsvorhaben nach Absatz 2 zu ermöglichen.

(4a) 1Ergänzend zur Übermittlung von Sozialdaten zu einem bestimmten Forschungsvorhaben nach Absatz 1 Satz 1 kann die Verarbeitung dieser Sozialdaten auch für noch nicht bestimmte, aber inhaltlich zusammenhängende Forschungsvorhaben des gleichen Forschungsbereiches beantragt werden. 2Die Genehmigung ist unter den Voraussetzungen des Absatzes 4 zu erteilen, wenn sich der Datenempfänger gegenüber der genehmigenden Stelle verpflichtet, auch bei künftigen Forschungsvorhaben im Forschungsbereich die Genehmigungsvoraussetzungen einzuhalten. 3Die nach Absatz 4 Satz 1 zuständige Behörde kann vom Antragsteller die Vorlage einer unabhängigen Begutachtung des Datenschutzkonzeptes verlangen. 4Der Antragsteller ist verpflichtet, der nach Absatz 4 Satz 1 zuständigen Behörde jedes innerhalb des genehmigten Forschungsbereiches vorgesehene Forschungsvorhaben vor dessen Beginn anzuzeigen und dabei die Erfüllung der Genehmigungsvoraussetzungen darzulegen. 5Mit dem Forschungsvorhaben darf acht Wochen nach Eingang der Anzeige bei der Genehmigungsbehörde begonnen werden, sofern nicht die Genehmigungsbehörde vor Ablauf der Frist mitteilt, dass für das angezeigte Vorhaben ein gesondertes Genehmigungsverfahren erforderlich ist.

(5) Wird die Verarbeitung von Sozialdaten nicht-öffentlichen Stellen genehmigt, hat die genehmigende Stelle durch Auflagen sicherzustellen, dass die der Genehmigung durch Absatz 1, 2 und 4a gesetzten Grenzen beachtet werden.

(6) Ist der Dritte, an den Sozialdaten übermittelt werden, eine nicht-öffentliche Stelle, unterliegt dieser der Aufsicht der gemäß § 40 Absatz 1 des Bundesdatenschutzgesetzes zuständigen Behörde.

§ 76 Einschränkung der Übermittlungsbefugnis bei besonders schutzwürdigen Sozialdaten

(1) Die Übermittlung von Sozialdaten, die einer in § 35 des Ersten Buches genannten Stelle von einem Arzt oder einer Ärztin oder einer anderen in § 203 Absatz 1 und 4 des Strafgesetzbuches genannten Person zugänglich gemacht worden sind, ist nur unter den Voraussetzungen zulässig, unter denen diese Person selbst übermittlungsbefugt wäre.

(2) Absatz 1 gilt nicht

1. im Rahmen des § 69 Absatz 1 Nummer 1 und 2 für Sozialdaten, die im Zusammenhang mit einer Begutachtung wegen der Erbringung von Sozialleistungen oder wegen der Ausstellung einer Bescheinigung übermittelt worden sind, es sei denn, dass die betroffene Person der Übermittlung widerspricht; die betroffene Person ist von dem Verantwortlichen zu Beginn des Verwaltungsverfahrens in allgemeiner Form schriftlich oder elektronisch auf das Widerspruchsrecht hinzuweisen,

10

1a. im Rahmen der Geltendmachung und Durchsetzung sowie Abwehr eines Erstattungs- oder Ersatzanspruchs,
2. im Rahmen des § 69 Absatz 4 und 5 und des § 71 Absatz 1 Satz 3,
3. im Rahmen des § 94 Absatz 2 Satz 2 des Elften Buches.

(3) Ein Widerspruchsrecht besteht nicht in den Fällen des § 275 Absatz 1 bis 3 und 3b, des § 275c Absatz 1 und des § 275d Absatz 1 des Fünften Buches, soweit die Daten durch Personen nach Absatz 1 übermittelt werden.

§ 77 Übermittlung ins Ausland und an internationale Organisationen

(1) 1Die Übermittlung von Sozialdaten an Personen oder Stellen in anderen Mitgliedstaaten der Europäischen Union sowie in diesen nach § 35 Absatz 7 des Ersten Buches gleichgestellten Staaten ist zulässig, soweit

1. dies für die Erfüllung einer gesetzlichen Aufgabe der in § 35 des Ersten Buches genannten übermittelnden Stelle nach diesem Gesetzbuch oder zur Erfüllung einer solchen Aufgabe von ausländischen Stellen erforderlich ist, soweit diese Aufgaben wahrnehmen, die denen der in § 35 des Ersten Buches genannten Stellen entsprechen,
2. die Voraussetzungen des § 69 Absatz 1 Nummer 2 oder Nummer 3 oder des § 70 oder einer Übermittlungsvorschrift nach dem Dritten Buch oder dem Arbeitnehmerüberlassungsgesetz vorliegen und die Aufgaben der ausländischen Stelle den in diesen Vorschriften genannten entsprechen,
3. die Voraussetzungen des § 74 vorliegen und die gerichtlich geltend gemachten Ansprüche oder die Rechte des Empfängers den in dieser Vorschrift genannten entsprechen oder
4. die Voraussetzungen des § 73 vorliegen; für die Anordnung einer Übermittlung nach § 73 ist ein inländisches Gericht zuständig.

2Die Übermittlung von Sozialdaten unterbleibt, soweit sie zu den in Artikel 6 des Vertrages über die Europäische Union enthaltenen Grundsätzen in Widerspruch stünde.

(2) Absatz 1 gilt entsprechend für die Übermittlung an Personen oder Stellen in einem Drittstaat sowie an internationale Organisationen, wenn deren angemessenes Datenschutzniveau durch Angemessenheitsbeschluss gemäß Artikel 45 der Verordnung (EU) 2016/679 festgestellt wurde.

(3) 1Liegt kein Angemessenheitsbeschluss vor, ist eine Übermittlung von Sozialdaten an Personen oder Stellen in einem Drittstaat oder an internationale Organisationen abweichend von Artikel 46 Absatz 2 Buchstabe a und Artikel 49 Absatz 1 Unterabsatz 1 Buchstabe g der Verordnung (EU) 2016/679 unzulässig. 2Eine Übermittlung aus wichtigen Gründen des öffentlichen Interesses nach Artikel 49 Absatz 1 Unterabsatz 1 Buchstabe d und Absatz 4 der Verordnung (EU) 2016/679 liegt nur vor, wenn

1. die Übermittlung in Anwendung zwischenstaatlicher Übereinkommen auf dem Gebiet der sozialen Sicherheit erfolgt, oder
2. soweit die Voraussetzungen des § 69 Absatz 1 Nummer 1 und 2 oder des § 70 vorliegen

und soweit die betroffene Person kein schutzwürdiges Interesse an dem Ausschluss der Übermittlung hat.

(4) Die Stelle, an die die Sozialdaten übermittelt werden, ist auf den Zweck hinzuweisen, zu dessen Erfüllung die Sozialdaten übermittelt werden.

§ 77a Grenzüberschreitende Nachweisabrufe

(1) Die zuständige Behörde darf bei einer Behörde eines anderen Mitgliedstaats der Europäischen Union einen Nachweis nach Artikel 14 Absatz 2 der Verordnung (EU) 2018/1724 des Europäischen Parlaments und des Rates vom 2. Oktober 2018 über die Einrichtung eines einheitlichen digitalen Zugangstors zu Informationen, Verfahren, Hilfs- und Problemlösungsdiensten und zur Änderung der Verordnung (EU) Nr. 1024/2012 (ABl. L 295 vom 21. 11. 2018, S. 1) automatisiert abrufen, wenn dies zur Erfüllung ihrer Aufgaben für eines der Verfahren nach Artikel 14 Absatz 1 der Verordnung (EU) 2018/1724 erforderlich ist.

(2) Die automatisierte Übermittlung eines Nachweises nach Artikel 14 Absatz 2 der Verordnung (EU) 2018/1724 an eine Behörde eines anderen Mitgliedstaats der Europäischen Union ist zulässig, wenn diese Behörde zuständig ist und die Übermittlung zur Erfüllung ihrer Aufgaben für eines der Verfahren nach Artikel 14 Absatz 1 der Verordnung (EU) 2018/1724 erforderlich ist.

(3) Bei der Verarbeitung nach den Absätzen 1 und 2 können intermediäre Plattformen zum Einsatz kommen.

§ 78 Zweckbindung und Geheimhaltungspflicht eines Dritten, an den Daten übermittelt werden

(1) 1Personen oder Stellen, die nicht in § 35 des Ersten Buches genannt und denen Sozialdaten übermittelt worden sind, dürfen diese nur zu dem Zweck verarbeiten, zu dem sie ihnen befugt übermittelt worden sind. 2Eine Übermittlung von Sozialdaten nach den §§ 68 bis 77 oder nach einer anderen Rechtsvorschrift in diesem Gesetzbuch an eine nicht-öffentliche Stelle auf deren Ersuchen hin ist nur zulässig, wenn diese sich gegenüber der

10

übermittelnden Stelle verpflichtet hat, die Daten nur für den Zweck zu verarbeiten, zu dem sie ihr übermittelt werden. 3Die Dritten haben die Daten in demselben Umfang geheim zu halten wie die in §35 des Ersten Buches genannten Stellen. 4Sind Sozialdaten an Gerichte oder Staatsanwaltschaften übermittelt worden, dürfen diese gerichtliche Entscheidungen, die Sozialdaten enthalten, weiter übermitteln, wenn eine in §35 des Ersten Buches genannte Stelle zur Übermittlung an den weiteren Dritten befugt wäre. 5Abweichend von Satz 4 ist eine Übermittlung nach §115 des Bundesbeamtengesetzes und nach Vorschriften, die auf diese Vorschrift verweisen, zulässig. 6Sind Sozialdaten an Polizeibehörden, Staatsanwaltschaften, Gerichte oder Behörden der Gefahrenabwehr übermittelt worden, dürfen diese die Daten unabhängig vom Zweck der Übermittlung sowohl für Zwecke der Gefahrenabwehr als auch für Zwecke der Strafverfolgung und der Strafvollstreckung speichern, verändern, nutzen, übermitteln, in der Verarbeitung einschränken oder löschen.

(2) Werden Daten an eine nicht-öffentliche Stelle übermittelt, so sind die dort beschäftigten Personen, welche diese Daten speichern, verändern, nutzen, übermitteln, in der Verarbeitung einschränken oder löschen, von dieser Stelle vor, spätestens bei der Übermittlung auf die Einhaltung der Pflichten nach Absatz 1 hinzuweisen.

(3) 1Ergibt sich im Rahmen eines Vollstreckungsverfahrens nach §66 die Notwendigkeit, dass eine Strafanzeige zum Schutz des Vollstreckungsbeamten erforderlich ist, so dürfen die zum Zweck der Vollstreckung übermittelten Sozialdaten auch zum Zweck der Strafverfolgung gespeichert, verändert, genutzt, übermittelt, in der Verarbeitung eingeschränkt oder gelöscht werden, soweit dies erforderlich ist. 2Das Gleiche gilt auch für die Klärung von Fragen im Rahmen eines Disziplinarverfahrens.

(4) Sind Sozialdaten an Gerichte oder Staatsanwaltschaften für die Durchführung eines Straf- oder Bußgeldverfahrens übermittelt worden, so dürfen sie nach Maßgabe der §§476, 487 Absatz 4 der Strafprozessordnung und der §§49b und 49c Absatz 1 des Gesetzes über Ordnungswidrigkeiten für Zwecke der wissenschaftlichen Forschung gespeichert, verändert, genutzt, übermittelt, in der Verarbeitung eingeschränkt oder gelöscht werden.

(5) Behörden der Zollverwaltung dürfen Sozialdaten, die ihnen zum Zweck der Vollstreckung übermittelt worden sind, auch zum Zweck der Vollstreckung öffentlich-rechtlicher Ansprüche anderer Stellen als der in §35 des Ersten Buches genannten Stellen verarbeiten.

Dritter Abschnitt
Besondere Datenverarbeitungsarten

§79 Einrichtung automatisierter Verfahren auf Abruf

(1) 1Die Einrichtung eines automatisierten Verfahrens, das die Übermittlung von Sozialdaten durch Abruf ermöglicht, ist zwischen den in §35 des Ersten Buches genannten Stellen sowie mit der Deutschen Rentenversicherung Bund als zentraler Stelle zur Erfüllung ihrer Aufgaben nach §91 Absatz 1 Satz 1 des Einkommensteuergesetzes und der Deutschen Rentenversicherung Knappschaft-Bahn-See, soweit sie bei geringfügig Beschäftigten Aufgaben nach dem Einkommensteuergesetz durchführt, zulässig, soweit dieses Verfahren unter Berücksichtigung der schutzwürdigen Interessen der betroffenen Personen wegen der Vielzahl der Übermittlungen oder wegen ihrer besonderen Eilbedürftigkeit angemessen ist und wenn die jeweiligen Rechts- oder Fachaufsichtsbehörden die Teilnahme der unter ihrer Aufsicht stehenden Stellen genehmigt haben. 2Das Gleiche gilt gegenüber den in §69 Absatz 2 und 3 genannten Stellen.

(1a) Die Einrichtung eines automatisierten Verfahrens auf Abruf für ein Dateisystem der Sozialversicherung für Landwirtschaft, Forsten und Gartenbau ist nur gegenüber den Trägern der gesetzlichen Rentenversicherung, der Deutschen Rentenversicherung Bund als zentraler Stelle zur Erfüllung ihrer Aufgaben nach §91 Absatz 1 Satz 1 des Einkommensteuergesetzes, den Krankenkassen, der Bundesagentur für Arbeit und der Deutschen Post AG, soweit sie mit der Berechnung oder Auszahlung von Sozialleistungen betraut ist, zulässig; dabei dürfen auch Vermittlungsstellen eingeschaltet werden.

(2) 1Die beteiligten Stellen haben zu gewährleisten, dass die Zulässigkeit des Verfahrens auf Abruf kontrolliert werden kann. 2Hierzu haben sie schriftlich oder elektronisch festzulegen:

1. Anlass und Zweck des Verfahrens auf Abruf,
2. Dritte, an die übermittelt wird,
3. Art der zu übermittelnden Daten,
4. nach Artikel 32 der Verordnung (EU) 2016/679 erforderliche technische und organisatorische Maßnahmen.

(3) Über die Einrichtung von Verfahren auf Abruf ist in Fällen, in denen die in §35 des Ersten Buches genannten Stellen beteiligt sind, die der Kontrolle des oder der Bundesbeauftragten für den Datenschutz und die Informationsfreiheit (Bundesbeauftragte) unterliegen, dieser oder diese, sonst die nach Landesrecht für die Kontrolle des Datenschutzes zuständige Stelle rechtzeitig vorher unter

Mitteilung der Festlegungen nach Absatz 2 zu unterrichten.

(4) 1Die Verantwortung für die Zulässigkeit des einzelnen Abrufs trägt der Dritte, an den übermittelt wird. 2Die speichernde Stelle prüft die Zulässigkeit der Abrufe nur, wenn dazu Anlass besteht. 3Sie hat mindestens bei jedem zehnten Abruf den Zeitpunkt, die abgerufenen Daten sowie Angaben zur Feststellung des Verfahrens und des für den Abruf Verantwortlichen zu protokollieren; die protokollierten Daten sind spätestens nach sechs Monaten zu löschen. 4Wird ein Gesamtbestand von Sozialdaten abgerufen oder übermittelt (Stapelverarbeitung), so bezieht sich die Gewährleistung der Feststellung und Überprüfung nur auf die Zulässigkeit des Abrufes oder der Übermittlung des Gesamtbestandes.

(5) Die Absätze 1 bis 4 gelten nicht für den Abruf aus Datenbeständen, die mit Einwilligung der betroffenen Personen angelegt werden und die jedermann, sei es ohne oder nach besonderer Zulassung, zur Benutzung offenstehen.

§ 80 Verarbeitung von Sozialdaten im Auftrag

(1) 1Die Erteilung eines Auftrags im Sinne des Artikels 28 der Verordnung (EU) 2016/679 zur Verarbeitung von Sozialdaten ist nur zulässig, wenn der Verantwortliche seiner Rechts- oder Fachaufsichtsbehörde rechtzeitig vor der Auftragserteilung

1. den Auftragsverarbeiter, die bei diesem vorhandenen technischen und organisatorischen Maßnahmen und ergänzenden Weisungen,
2. die Art der Daten, die im Auftrag verarbeitet werden sollen, und den Kreis der betroffenen Personen,
3. die Aufgabe, zu deren Erfüllung die Verarbeitung der Daten im Auftrag erfolgen soll, sowie
4. den Abschluss von etwaigen Unterauftragsverhältnissen

schriftlich oder elektronisch anzeigt. 2Soll eine öffentliche Stelle mit der Verarbeitung von Sozialdaten beauftragt werden, hat diese rechtzeitig vor der Auftragserteilung die beabsichtigte Beauftragung ihrer Rechts- oder Fachaufsichtsbehörde schriftlich oder elektronisch anzuzeigen.

(2) Der Auftrag zur Verarbeitung von Sozialdaten darf nur erteilt werden, wenn die Verarbeitung im Inland, in einem anderen Mitgliedstaat der Europäischen Union, in einem diesem nach § 35 Absatz 7 des Ersten Buches gleichgestellten Staat, oder, sofern ein Angemessenheitsbeschluss gemäß Artikel 45 der Verordnung (EU) 2016/679 vorliegt, in einem Drittstaat oder in einer internationalen Organisation erfolgt.

(3) 1Die Erteilung eines Auftrags zur Verarbeitung von Sozialdaten durch nicht-öffentliche Stellen ist nur zulässig, wenn

1. beim Verantwortlichen sonst Störungen im Betriebsablauf auftreten können oder
2. die übertragenen Arbeiten beim Auftragsverarbeiter erheblich kostengünstiger besorgt werden können.

2Dies gilt nicht, wenn Dienstleister in der Informationstechnik, deren absolute Mehrheit der Anteile oder deren absolute Mehrheit der Stimmen dem Bund oder den Ländern zusteht, mit vorheriger Genehmigung der obersten Dienstbehörde des Verantwortlichen beauftragt werden.

(4) 1Ist der Auftragsverarbeiter eine in § 35 des Ersten Buches genannte Stelle, gelten neben den §§ 85 und 85a die §§ 9, 13, 14 und 16 des Bundesdatenschutzgesetzes. 2Bei den in § 35 des Ersten Buches genannten Stellen, die nicht solche des Bundes sind, tritt anstelle des oder der Bundesbeauftragten insoweit die nach Landesrecht für die Kontrolle des Datenschutzes zuständige Stelle. 3Ist der Auftragsverarbeiter eine nicht-öffentliche Stelle, unterliegt dieser der Aufsicht der gemäß § 40 des Bundesdatenschutzgesetzes zuständigen Behörde.

(5) 1Absatz 3 gilt nicht bei Verträgen über die Prüfung oder Wartung automatisierter Verfahren oder von Datenverarbeitungsanlagen durch andere Stellen im Auftrag, bei denen ein Zugriff auf Sozialdaten nicht ausgeschlossen werden kann. 2Die Verträge sind bei zu erwartenden oder bereits eingetretenen Störungen im Betriebsablauf unverzüglich der Rechts- oder Fachaufsichtsbehörde mitzuteilen.

Vierter Abschnitt
Rechte der betroffenen Person, Beauftragte für den Datenschutz und Schlussvorschriften

§ 81 Recht auf Anrufung, Beauftragte für den Datenschutz

(1) Ist eine betroffene Person der Ansicht, bei der Verarbeitung ihrer Sozialdaten in ihren Rechten verletzt worden zu sein, kann sie sich

1. an den Bundesbeauftragten oder die Bundesbeauftragte wenden, wenn sie eine Verletzung ihrer Rechte durch eine in § 35 des Ersten Buches genannte Stelle des Bundes bei der Wahrnehmung von Aufgaben nach diesem Gesetzbuch behauptet,
2. an die nach Landesrecht für die Kontrolle des Datenschutzes zuständige Stelle wenden, wenn sie die Verletzung ihrer Rechte durch eine andere in § 35 des Ersten Buches genannte Stelle bei der Wahrnehmung von Aufgaben nach diesem Gesetzbuch behauptet.

(2) 1Bei der Wahrnehmung von Aufgaben nach diesem Gesetzbuch gelten für die in § 35 des Ersten Buches genannten Stellen die §§ 14 bis 16 des Bundesdatenschutzgesetzes. 2Bei öffentlichen Stellen der Länder, die unter § 35 des Ersten Buches fallen, tritt an die Stelle des oder der Bundesbeauftragten die nach Landesrecht für die Kontrolle des Datenschutzes zuständige Stelle.

(3) 1Verbände und Arbeitsgemeinschaften der in § 35 des Ersten Buches genannten Stellen oder ihrer Verbände gelten, soweit sie Aufgaben nach diesem Gesetzbuch wahrnehmen und an ihnen Stellen des Bundes beteiligt sind, unbeschadet ihrer Rechtsform als öffentliche Stellen des Bundes, wenn sie über den Bereich eines Landes hinaus tätig werden, anderenfalls als öffentliche Stellen der Länder. 2Sonstige Einrichtungen der in § 35 des Ersten Buches genannten Stellen oder ihrer Verbände gelten als öffentliche Stellen des Bundes, wenn die absolute Mehrheit der Anteile oder der Stimmen einer oder mehrerer öffentlicher Stellen dem Bund zusteht, anderenfalls als öffentliche Stellen der Länder. 3Die Datenstelle der Rentenversicherung nach § 145 Absatz 1 des Sechsten Buches gilt als öffentliche Stelle des Bundes.

(4) 1Auf die in § 35 des Ersten Buches genannten Stellen, die Vermittlungsstellen nach § 67d Absatz 3 und die Auftragsverarbeiter sind die §§ 5 bis 7 des Bundesdatenschutzgesetzes entsprechend anzuwenden. 2In räumlich getrennten Organisationseinheiten ist sicherzustellen, dass der oder die Beauftragte für den Datenschutz bei der Erfüllung seiner oder ihrer Aufgaben unterstützt wird. 3Die Sätze 1 und 2 gelten nicht für öffentliche Stellen der Länder mit Ausnahme der Sozialversicherungsträger und ihrer Verbände. 4Absatz 2 Satz 2 gilt entsprechend.

10

§ 81a Gerichtlicher Rechtsschutz

(1) 1Für Streitigkeiten zwischen einer natürlichen oder juristischen Person und dem oder der Bundesbeauftragten oder der nach Landesrecht für die Kontrolle des Datenschutzes zuständigen Stelle gemäß Artikel 78 Absatz 1 und 2 der Verordnung (EU) 2016/679 aufgrund der Verarbeitung von Sozialdaten im Zusammenhang mit einer Angelegenheit nach § 51 Absatz 1 und 2 des Sozialgerichtsgesetzes ist der Rechtsweg zu den Gerichten der Sozialgerichtsbarkeit eröffnet. 2Für die übrigen Streitigkeiten gemäß Artikel 78 Absatz 1 und 2 der Verordnung (EU) 2016/679 aufgrund der Verarbeitung von Sozialdaten gilt § 20 des Bundesdatenschutzgesetzes, soweit die Streitigkeiten nicht durch Bundesgesetz einer anderen Gerichtsbarkeit ausdrücklich zugewiesen sind. 3Satz 1 gilt nicht für Bußgeldverfahren.

(2) Das Sozialgerichtsgesetz ist nach Maßgabe der Absätze 3 bis 7 anzuwenden.

(3) Abweichend von den Vorschriften über die örtliche Zuständigkeit der Sozialgerichte nach § 57 des Sozialgerichtsgesetzes ist für die Verfahren nach Absatz 1 Satz 1 das Sozialgericht örtlich zuständig, in dessen Bezirk der oder die Bundesbeauftragte oder die nach Landesrecht für die Kontrolle des Datenschutzes zuständige Stelle seinen oder ihren Sitz hat, wenn eine Körperschaft oder Anstalt des öffentlichen Rechts oder in Angelegenheiten des sozialen Entschädigungsrechts oder des Schwerbehindertenrechts ein Land klagt.

(4) In den Verfahren nach Absatz 1 Satz 1 sind der oder die Bundesbeauftragte sowie die nach Landesrecht für die Kontrolle des Datenschutzes zuständige Stelle beteiligungsfähig.

(5) 1Beteiligte eines Verfahrens nach Absatz 1 Satz 1 sind

1. die natürliche oder juristische Person als Klägerin oder Antragstellerin und
2. der oder die Bundesbeauftragte oder die nach Landesrecht für die Kontrolle des Datenschutzes zuständige Stelle als Beklagter oder Beklagte oder als Antragsgegner oder Antragsgegnerin.

2§ 69 Nummer 3 des Sozialgerichtsgesetzes bleibt unberührt.

(6) Ein Vorverfahren findet nicht statt.

(7) Der oder die Bundesbeauftragte oder die nach Landesrecht für die Kontrolle des Datenschutzes zuständige Stelle darf gegenüber einer Behörde oder deren Rechtsträger nicht die sofortige Vollziehung (§ 86a Absatz 2 Nummer 5 des Sozialgerichtsgesetzes) anordnen.

§ 81b Klagen gegen den Verantwortlichen oder Auftragsverarbeiter

(1) Für Klagen der betroffenen Person gegen einen Verantwortlichen oder einen Auftragsverarbeiter wegen eines Verstoßes gegen datenschutzrechtliche Bestimmungen im Anwendungsbereich der Verordnung (EU) 2016/679 oder der darin enthaltenen Rechte der betroffenen Person bei der Verarbeitung von Sozialdaten im Zusammenhang mit einer Angelegenheit nach § 51 Absatz 1 und 2 des Sozialgerichtsgesetzes ist der Rechtsweg zu den Gerichten der Sozialgerichtsbarkeit eröffnet.

(2) Ergänzend zu § 57 Absatz 3 des Sozialgerichtsgesetzes ist für Klagen nach Absatz 1 das Sozialgericht örtlich zuständig, in dessen Bezirk sich eine Niederlassung des Verantwortlichen oder Auftragsverarbeiters befindet.

(3) 1Hat der Verantwortliche oder Auftragsverarbeiter einen Vertreter nach Artikel 27 Absatz 1 der Verordnung (EU) 2016/679 benannt, gilt dieser

auch als bevollmächtigt, Zustellungen in sozialgerichtlichen Verfahren nach Absatz 1 entgegenzunehmen. 2§ 63 Absatz 3 des Sozialgerichtsgesetzes bleibt unberührt.

§ 81c Antrag auf gerichtliche Entscheidung bei angenommener Europarechtswidrigkeit eines Angemessenheitsbeschlusses der Europäischen Kommission

Hält der oder die Bundesbeauftragte oder eine nach Landesrecht für die Kontrolle des Datenschutzes zuständige Stelle einen Angemessenheitsbeschluss der Europäischen Kommission, auf dessen Gültigkeit es bei der Entscheidung über die Beschwerde einer betroffenen Person hinsichtlich der Verarbeitung von Sozialdaten ankommt, für europarechtswidrig, so gilt § 21 des Bundesdatenschutzgesetzes.

§ 82 Informationspflichten bei der Erhebung von Sozialdaten bei der betroffenen Person

(1) Die Pflicht zur Information der betroffenen Person gemäß Artikel 13 Absatz 1 Buchstabe e der Verordnung (EU) 2016/679 über Kategorien von Empfängern besteht ergänzend zu der in Artikel 13 Absatz 4 der Verordnung (EU) 2016/679 genannten Ausnahme nur, soweit

1. sie nach den Umständen des Einzelfalles nicht mit der Nutzung oder der Übermittlung von Sozialdaten an diese Kategorien von Empfängern rechnen muss,
2. es sich nicht um Speicherung, Veränderung, Nutzung, Übermittlung, Einschränkung der Verarbeitung oder Löschung von Sozialdaten innerhalb einer in § 35 des Ersten Buches genannten Stelle oder einer Organisationseinheit im Sinne von § 67 Absatz 4 Satz 2 handelt oder
3. es sich nicht um eine Kategorie von in § 35 des Ersten Buches genannten Stellen oder von Organisationseinheiten im Sinne von § 67 Absatz 4 Satz 2 handelt, die auf Grund eines Gesetzes zur engen Zusammenarbeit verpflichtet sind.

(2) Die Pflicht zur Information der betroffenen Person gemäß Artikel 13 Absatz 3 der Verordnung (EU) 2016/679 besteht ergänzend zu der in Artikel 13 Absatz 4 der Verordnung (EU) 2016/679 genannten Ausnahme dann nicht, wenn die Erteilung der Information über die beabsichtigte Weiterverarbeitung

1. die ordnungsgemäße Erfüllung der in der Zuständigkeit des Verantwortlichen liegenden Aufgaben im Sinne des Artikels 23 Absatz 1 Buchstabe a bis e der Verordnung (EU) 2016/679 gefährden würde und die Interessen des Verantwortlichen an der Nichterteilung der Information die Interessen der betroffenen Person überwiegen,
2. die öffentliche Sicherheit oder Ordnung gefährden oder sonst dem Wohl des Bundes oder eines Landes Nachteile bereiten würde und die Interessen des Verantwortlichen an der Nichterteilung der Information die Interessen der betroffenen Person überwiegen oder
3. eine vertrauliche Übermittlung von Daten an öffentliche Stellen gefährden würde.

(3) 1Unterbleibt eine Information der betroffenen Person nach Maßgabe des Absatzes 2, ergreift der Verantwortliche geeignete Maßnahmen zum Schutz der berechtigten Interessen der betroffenen Person, einschließlich der Bereitstellung der in Artikel 13 Absatz 1 und 2 der Verordnung (EU) 2016/679 genannten Informationen für die Öffentlichkeit in präziser, transparenter, verständlicher und leicht zugänglicher Form in einer klaren und einfachen Sprache. 2Der Verantwortliche hält schriftlich fest, aus welchen Gründen er von einer Information abgesehen hat. 3Die Sätze 1 und 2 finden in den Fällen des Absatzes 2 Nummer 3 keine Anwendung.

(4) Unterbleibt die Benachrichtigung in den Fällen des Absatzes 2 wegen eines vorübergehenden Hinderungsgrundes, kommt der Verantwortliche der Informationspflicht unter Berücksichtigung der spezifischen Umstände der Verarbeitung innerhalb einer angemessenen Frist nach Fortfall des Hinderungsgrundes, spätestens jedoch innerhalb von zwei Wochen, nach.

(5) Bezieht sich die Informationserteilung auf die Übermittlung von Sozialdaten durch öffentliche Stellen an die Staatsanwaltschaften und Gerichte im Bereich der Strafverfolgung, an Polizeibehörden, Verfassungsschutzbehörden, den Bundesnachrichtendienst und den Militärischen Abschirmdienst, ist sie nur mit Zustimmung dieser Stelle zulässig.

§ 82a Informationspflichten, wenn Sozialdaten nicht bei der betroffenen Person erhoben wurden

(1) Die Pflicht einer in § 35 des Ersten Buches genannten Stelle zur Information der betroffenen Person gemäß Artikel 14 Absatz 1, 2 und 4 der Verordnung (EU) 2016/679 besteht ergänzend zu den in Artikel 14 Absatz 5 der Verordnung (EU) 2016/679 genannten Ausnahmen nicht,

1. soweit die Erteilung der Information
   a) die ordnungsgemäße Erfüllung der in der Zuständigkeit des Verantwortlichen liegenden Aufgaben gefährden würde oder
   b) die öffentliche Sicherheit oder Ordnung gefährden oder sonst dem Wohle des Bundes oder eines Landes Nachteile bereiten würde, oder

2. soweit die Daten oder die Tatsache ihrer Speicherung nach einer Rechtsvorschrift oder ihrem Wesen nach, insbesondere wegen der überwiegenden berechtigten Interessen eines Dritten geheim gehalten werden müssen

und deswegen das Interesse der betroffenen Person an der Informationserteilung zurücktreten muss.

(2) Werden Sozialdaten bei einer nicht-öffentlichen Stelle erhoben, so ist diese auf die Rechtsvorschrift, die zur Auskunft verpflichtet, sonst auf die Freiwilligkeit hinzuweisen.

(3) 1Unterbleibt eine Information der betroffenen Person nach Maßgabe des Absatzes 1, ergreift der Verantwortliche geeignete Maßnahmen zum Schutz der berechtigten Interessen der betroffenen Person, einschließlich der Bereitstellung der in Artikel 14 Absatz 1 und 2 der Verordnung (EU) 2016/679 genannten Informationen für die Öffentlichkeit in präziser, transparenter, verständlicher und leicht zugänglicher Form in einer klaren und einfachen Sprache. 2Der Verantwortliche hält schriftlich fest, aus welchen Gründen er von einer Information abgesehen hat.

(4) In Bezug auf die Pflicht zur Information nach Artikel 14 Absatz 1 Buchstabe e der Verordnung (EU) 2016/679 gilt § 82 Absatz 1 entsprechend.

(5) Bezieht sich die Informationserteilung auf die Übermittlung von Sozialdaten durch öffentliche Stellen an Staatsanwaltschaften und Gerichte im Bereich der Strafverfolgung, an Polizeibehörden, Verfassungsschutzbehörden, den Bundesnachrichtendienst und den Militärischen Abschirmdienst, ist sie nur mit Zustimmung dieser Stellen zulässig.

§ 83 Auskunftsrecht der betroffenen Personen

(1) Das Recht auf Auskunft der betroffenen Person gemäß Artikel 15 der Verordnung (EU) 2016/679 besteht nicht, soweit

1. die betroffene Person nach § 82a Absatz 1, 4 und 5 nicht zu informieren ist oder
2. die Sozialdaten
   a) nur deshalb gespeichert sind, weil sie auf Grund gesetzlicher oder satzungsmäßiger Aufbewahrungsvorschriften nicht gelöscht werden dürfen, oder
   b) ausschließlich zu Zwecken der Datensicherung oder der Datenschutzkontrolle dienen

und die Auskunftserteilung einen unverhältnismäßigen Aufwand erfordern würde sowie eine Verarbeitung zu anderen Zwecken durch geeignete technische und organisatorische Maßnahmen ausgeschlossen ist.

(2) 1Die betroffene Person soll in dem Antrag auf Auskunft gemäß Artikel 15 der Verordnung (EU) 2016/679 die Art der Sozialdaten, über die Auskunft erteilt werden soll, näher bezeichnen. 2Sind die Sozialdaten nicht automatisiert oder nicht in nicht automatisierten Dateisystemen gespeichert, wird die Auskunft nur erteilt, soweit die betroffene Person Angaben macht, die das Auffinden der Daten ermöglichen, und der für die Erteilung der Auskunft erforderliche Aufwand nicht außer Verhältnis zu dem von der betroffenen Person geltend gemachten Informationsinteresse steht. 3Soweit Artikel 15 und 12 Absatz 3 der Verordnung (EU) 2016/679 keine Regelungen enthalten, bestimmt der Verantwortliche das Verfahren, insbesondere die Form der Auskunftserteilung, nach pflichtgemäßem Ermessen. 4§ 25 Absatz 2 gilt entsprechend.

(3) 1Die Gründe der Auskunftsverweigerung sind zu dokumentieren. 2Die Ablehnung der Auskunftserteilung bedarf keiner Begründung, soweit durch die Mitteilung der tatsächlichen und rechtlichen Gründe, auf die die Entscheidung gestützt wird, der mit der Auskunftsverweigerung verfolgte Zweck gefährdet würde. 3In diesem Fall ist die betroffene Person darauf hinzuweisen, dass sie sich, wenn die in § 35 des Ersten Buches genannten Stellen der Kontrolle des oder der Bundesbeauftragten unterliegen, an diesen oder diese, sonst an die nach Landesrecht für die Kontrolle des Datenschutzes zuständige Stelle wenden kann.

(4) Wird einer betroffenen Person keine Auskunft erteilt, so kann, soweit es sich um in § 35 des Ersten Buches genannte Stellen handelt, die der Kontrolle des oder der Bundesbeauftragten unterliegen, diese, sonst die nach Landesrecht für die Kontrolle des Datenschutzes zuständige Stelle, auf Verlangen der betroffenen Person prüfen, ob die Ablehnung der Auskunftserteilung rechtmäßig war.

(5) Bezieht sich die Informationserteilung auf die Übermittlung von Sozialdaten durch öffentliche Stellen an Staatsanwaltschaften und Gerichte im Bereich der Strafverfolgung, an Polizeibehörden, Verfassungsschutzbehörden, den Bundesnachrichtendienst und den Militärischen Abschirmdienst, ist sie nur mit Zustimmung dieser Stellen zulässig.

§ 84 Recht auf Berichtigung, Löschung, Einschränkung der Verarbeitung und Widerspruch

(1) 1Ist eine Löschung von Sozialdaten im Fall nicht automatisierter Datenverarbeitung wegen der besonderen Art der Speicherung nicht oder nur mit unverhältnismäßig hohem Aufwand möglich und ist das Interesse der betroffenen Person an der Löschung als gering anzusehen, besteht das Recht der betroffenen Person auf und die Pflicht des Verant-

wortlichen zur Löschung von Sozialdaten gemäß Artikel 17 Absatz 1 der Verordnung (EU) 2016/679 ergänzend zu den in Artikel 17 Absatz 3 der Verordnung (EU) 2016/679 genannten Ausnahmen nicht. ₂In diesem Fall tritt an die Stelle einer Löschung die Einschränkung der Verarbeitung gemäß Artikel 18 der Verordnung (EU) 2016/679. ₃Die Sätze 1 und 2 finden keine Anwendung, wenn die Sozialdaten unrechtmäßig verarbeitet wurden.

(2) ₁Wird die Richtigkeit von Sozialdaten von der betroffenen Person bestritten und lässt sich weder die Richtigkeit noch die Unrichtigkeit der Daten feststellen, gilt ergänzend zu Artikel 18 Absatz 1 Buchstabe a der Verordnung (EU) 2016/679, dass dies keine Einschränkung der Verarbeitung bewirkt, soweit es um die Erfüllung sozialer Aufgaben geht; die ungeklärte Sachlage ist in geeigneter Weise festzuhalten. ₂Die bestrittenen Daten dürfen nur mit einem Hinweis hierauf verarbeitet werden.

(3) ₁Ergänzend zu Artikel 18 Absatz 1 Buchstabe b und c der Verordnung (EU) 2016/679 gilt Absatz 1 Satz 1 und 2 entsprechend im Fall des Artikels 17 Absatz 1 Buchstabe a und d der Verordnung (EU) 2016/679, solange und soweit der Verantwortliche Grund zu der Annahme hat, dass durch eine Löschung schutzwürdige Interessen der betroffenen Person beeinträchtigt würden. ₂Der Verantwortliche unterrichtet die betroffene Person über die Einschränkung der Verarbeitung, sofern sich die Unterrichtung nicht als unmöglich erweist oder einen unverhältnismäßigen Aufwand erfordern würde.

(4) Sind Sozialdaten für die Zwecke, für die sie erhoben oder auf sonstige Weise verarbeitet wurden, nicht mehr notwendig, gilt ergänzend zu Artikel 17 Absatz 3 Buchstabe b der Verordnung (EU) 2016/679 Absatz 1 entsprechend, wenn einer Löschung satzungsmäßige oder vertragliche Aufbewahrungsfristen entgegenstehen.

(5) Das Recht auf Widerspruch gemäß Artikel 21 Absatz 1 der Verordnung (EU) 2016/679 gegenüber einer öffentlichen Stelle besteht nicht, soweit an der Verarbeitung ein zwingendes öffentliches Interesse besteht, das die Interessen der betroffenen Person überwiegt, oder eine Rechtsvorschrift zur Verarbeitung von Sozialdaten verpflichtet.

(6) § 71 Absatz 1 Satz 3 bleibt unberührt.

§ 85 Strafvorschriften

(1) Für Sozialdaten gelten die Strafvorschriften des § 42 Absatz 1 und 2 des Bundesdatenschutzgesetzes entsprechend.

(2) Die Tat wird nur auf Antrag verfolgt. Antragsberechtigt sind die betroffene Person, der Verantwortliche, der oder die Bundesbeauftragte oder die nach Landesrecht für die Kontrolle des Datenschutzes zuständige Stelle.

(3) Eine Meldung nach Artikel 33 der Verordnung (EU) 2016/679 oder eine Benachrichtigung nach Artikel 34 Absatz 1 der Verordnung (EU) 2016/679 dürfen in einem Strafverfahren gegen die melde- oder benachrichtigungspflichtige Person oder gegen einen ihrer in § 52 Absatz 1 der Strafprozessordnung bezeichneten Angehörigen nur mit Zustimmung der melde- oder benachrichtigungspflichtigen Person verwendet werden.

§ 85a Bußgeldvorschriften

(1) Für Sozialdaten gilt § 41 des Bundesdatenschutzgesetzes entsprechend.

(2) Eine Meldung nach Artikel 33 der Verordnung (EU) 2016/679 oder eine Benachrichtigung nach Artikel 34 Absatz 1 der Verordnung (EU) 2016/679 dürfen in einem Verfahren nach dem Gesetz über Ordnungswidrigkeiten gegen die melde- oder benachrichtigungspflichtige Person oder einen ihrer in § 52 Absatz 1 der Strafprozessordnung bezeichneten Angehörigen nur mit Zustimmung der melde- oder benachrichtigungspflichtigen Person verwendet werden.

(3) Gegen Behörden und sonstige öffentliche Stellen werden keine Geldbußen verhängt.

Drittes Kapitel
Zusammenarbeit der Leistungsträger und ihre Beziehungen zu Dritten

Erster Abschnitt
Zusammenarbeit der Leistungsträger untereinander und mit Dritten

Erster Titel
Allgemeine Vorschriften

§ 86 Zusammenarbeit

Die Leistungsträger, ihre Verbände und die in diesem Gesetzbuch genannten öffentlich-rechtlichen Vereinigungen sind verpflichtet, bei der Erfüllung ihrer Aufgaben nach diesem Gesetzbuch eng zusammenzuarbeiten.

Zweiter Titel
Zusammenarbeit der Leistungsträger untereinander

§ 87 Beschleunigung der Zusammenarbeit

(1) ₁Ersucht ein Leistungsträger einen anderen Leistungsträger um Verrechnung mit einer Nachzahlung und kann er die Höhe des zu verrechnenden Anspruchs noch nicht bestimmen, ist der ersuchte Leistungsträger dagegen bereits in der Lage, die Nachzahlung zu erbringen, ist die Nachzahlung

spätestens innerhalb von zwei Monaten nach Zugang des Verrechnungsersuchens zu leisten. $_{2}$Soweit die Nachzahlung nach Auffassung der beteiligten Leistungsträger die Ansprüche der ersuchenden Leistungsträger übersteigt, ist sie unverzüglich auszuzahlen.

(2) $_{1}$Ist ein Anspruch auf eine Geldleistung auf einen anderen Leistungsträger übergegangen und ist der Anspruchsübergang sowohl diesem als auch dem verpflichteten Leistungsträger bekannt, hat der verpflichtete Leistungsträger die Geldleistung nach Ablauf von zwei Monaten seit dem Zeitpunkt, in dem die Auszahlung frühestens möglich ist, an den Berechtigten auszuzahlen, soweit ihm bis zu diesem Zeitpunkt nicht bekannt ist, in welcher Höhe der Anspruch dem anderen Leistungsträger zusteht. $_{2}$Die Auszahlung hat gegenüber dem anderen Leistungsträger befreiende Wirkung. $_{3}$Absatz 1 Satz 2 gilt entsprechend.

§ 88 Auftrag

(1) $_{1}$Ein Leistungsträger (Auftraggeber) kann ihm obliegende Aufgaben durch einen anderen Leistungsträger oder seinen Verband (Beauftragter) mit dessen Zustimmung wahrnehmen lassen, wenn dies

1. wegen des sachlichen Zusammenhangs der Aufgaben vom Auftraggeber und Beauftragten,
2. zur Durchführung der Aufgaben und
3. im wohlverstandenen Interesse der Betroffenen

zweckmäßig ist. $_{2}$Satz 1 gilt nicht im Recht der Ausbildungsförderung, des Kindergelds, der Unterhaltsvorschüsse und Unterhaltsausfallleistungen, im Wohngeldrecht sowie im Recht der Jugendhilfe und der Sozialhilfe.

(2) $_{1}$Der Auftrag kann für Einzelfälle sowie für gleichartige Fälle erteilt werden. $_{2}$Ein wesentlicher Teil des gesamten Aufgabenbereichs muss beim Auftraggeber verbleiben.

(3) $_{1}$Verbände dürfen Verwaltungsakte nur erlassen, soweit sie hierzu durch Gesetz oder auf Grund eines Gesetzes berechtigt sind. $_{2}$Darf der Verband Verwaltungsakte erlassen, ist die Berechtigung in der für die amtlichen Veröffentlichungen des Verbands sowie der Mitglieder vorgeschriebenen Weise bekannt zu machen.

(4) Der Auftraggeber hat einen Auftrag für gleichartige Fälle in der für seine amtlichen Veröffentlichungen vorgeschriebenen Weise bekannt zu machen.

§ 89 Ausführung des Auftrags

(1) Verwaltungsakte, die der Beauftragte zur Ausführung des Auftrags erlässt, ergehen im Namen des Auftraggebers.

(2) Durch den Auftrag wird der Auftraggeber nicht von seiner Verantwortung gegenüber dem Betroffenen entbunden.

(3) Der Beauftragte hat dem Auftraggeber die erforderlichen Mitteilungen zu machen, auf Verlangen über die Ausführung des Auftrags Auskunft zu erteilen und nach der Ausführung des Auftrags Rechenschaft abzulegen.

(4) Der Auftraggeber ist berechtigt, die Ausführung des Auftrags jederzeit zu prüfen.

(5) Der Auftraggeber ist berechtigt, den Beauftragten an seine Auffassung zu binden.

§ 90 Anträge und Widerspruch beim Auftrag

$_{1}$Der Beteiligte kann auch beim Beauftragten Anträge stellen. $_{2}$Erhebt der Beteiligte gegen eine Entscheidung des Beauftragten Widerspruch und hilft der Beauftragte diesem nicht ab, erlässt den Widerspruchsbescheid die für den Auftraggeber zuständige Widerspruchsstelle.

§ 91 Erstattung von Aufwendungen

(1) $_{1}$Erbringt ein Beauftragter Sozialleistungen für einen Auftraggeber, ist dieser zur Erstattung verpflichtet. $_{2}$Sach- und Dienstleistungen sind in Geld zu erstatten. $_{3}$Eine Erstattungspflicht besteht nicht, soweit Sozialleistungen zu Unrecht erbracht worden sind und den Beauftragten hierfür ein Verschulden trifft.

(2) $_{1}$Die bei der Ausführung des Auftrags entstehenden Kosten sind zu erstatten. $_{2}$Absatz 1 Satz 3 gilt entsprechend.

(3) Für die zur Ausführung des Auftrags erforderlichen Aufwendungen hat der Auftraggeber dem Beauftragten auf Verlangen einen angemessenen Vorschuss zu zahlen.

(4) Abweichende Vereinbarungen, insbesondere über pauschalierte Erstattungen, sind zulässig.

§ 92 Kündigung des Auftrags

$_{1}$Der Auftraggeber oder der Beauftragte kann den Auftrag kündigen. $_{2}$Die Kündigung darf nur zu einem Zeitpunkt erfolgen, der es ermöglicht, dass der Auftraggeber für die Erledigung der Aufgabe auf andere Weise rechtzeitig Vorsorge treffen und der Beauftragte sich auf den Wegfall des Auftrags in angemessener Zeit einstellen kann. $_{3}$Liegt ein wichtiger Grund vor, kann mit sofortiger Wirkung gekündigt werden. $_{4}$§ 88 Abs. 4 gilt entsprechend.

§ 93 Gesetzlicher Auftrag

Handelt ein Leistungsträger auf Grund gesetzlichen Auftrags für einen anderen, gelten § 89 Abs. 3 und 5 sowie § 91 Abs. 1 und 3 entsprechend.

§ 94 Arbeitsgemeinschaften

(1) Die Arbeitsgemeinschaft für Krebsbekämpfung der Träger der gesetzlichen Kranken- und Rentenversicherung im Lande Nordrhein-Westfalen, die Rheinische Arbeitsgemeinschaft zur Rehabilitation Suchtkranker, die Westfälische Arbeitsgemeinschaft zur Rehabilitation Suchtkranker, die Arbeitsgemeinschaft zur Rehabilitation Suchtkranker im Lande Hessen sowie die Arbeitsgemeinschaft für Heimdialyse im Lande Hessen sind berechtigt, Verwaltungsakte zu erlassen zur Erfüllung der Aufgaben, die ihnen am 1. Juli 1981 übertragen waren.

(1a) 1Träger der Sozialversicherung, Verbände von Trägern der Sozialversicherung und die Bundesagentur für Arbeit einschließlich der in § 19a Abs. 2 des Ersten Buches genannten anderen Leistungsträger können insbesondere zur gegenseitigen Unterrichtung, Abstimmung, Koordinierung und Förderung der engen Zusammenarbeit im Rahmen der ihnen gesetzlich übertragenen Aufgaben Arbeitsgemeinschaften bilden. 2Eine nach Satz 1 gebildete Arbeitsgemeinschaft kann eine weitere Arbeitsgemeinschaft bilden oder einer weiteren Arbeitsgemeinschaft beitreten, die sich ihrerseits an einer weiteren Arbeitsgemeinschaft beteiligen können. 3Weitere Beteiligungsebenen sind unzulässig. 4Die Aufsichtsbehörde ist vor der Bildung von Arbeitsgemeinschaften und dem Beitritt zu ihnen sowie vor ihrer Auflösung und einem Austritt so rechtzeitig und umfassend zu unterrichten, dass ihr ausreichend Zeit zur Prüfung bleibt. 5Die Aufsichtsbehörde kann auf eine Unterrichtung verzichten.

(2) 1Können nach diesem Gesetzbuch Arbeitsgemeinschaften gebildet werden, unterliegen diese staatlicher Aufsicht, die sich auf die Beachtung von Gesetz und sonstigem Recht erstreckt, das für die Arbeitsgemeinschaften, die Leistungsträger und ihre Verbände maßgebend ist; die §§ 85, 88 bis 90a des Vierten Buches gelten entsprechend. 2Ist der Spitzenverband Bund der Krankenkassen oder die Bundesagentur für Arbeit Mitglied einer Arbeitsgemeinschaft, führt das zuständige Bundesministerium in Abstimmung mit den für die übrigen Mitglieder zuständigen Aufsichtsbehörden die Aufsicht. 3Beabsichtigt eine Aufsichtsbehörde, von den Aufsichtsmitteln nach § 89 des Vierten Buches Gebrauch zu machen, unterrichtet sie die Aufsichtsbehörden, die die Aufsicht über die Mitglieder der betroffenen Arbeitsgemeinschaft führen, und setzt eine angemessene Frist zur Stellungnahme.

(2a) 1Ein räumlicher Zuständigkeitsbereich im Sinne von § 90 des Vierten Buches ist gegeben, wenn eine Arbeitsgemeinschaft unmittelbar sozialrechtliche Leistungen an Versicherte erbringt oder sonstige Aufgaben nach dem Sozialgesetzbuch im Außenverhältnis wahrnimmt. 2Fehlt ein Zuständigkeitsbereich im Sinne von § 90 des Vierten Buches, führen die Aufsicht die für die Sozialversicherung zuständigen obersten Verwaltungsbehörden oder die von der Landesregierung durch Rechtsverordnung bestimmten Behörden des Landes, in dem die Arbeitsgemeinschaften ihren Sitz haben; die Landesregierungen können diese Ermächtigung durch Rechtsverordnung auf die obersten Landesbehörden übertragen. 3Abweichend von Satz 2 führt das Bundesamt für Soziale Sicherung die Aufsicht, wenn die absolute Mehrheit der Anteile oder der Stimmen in der Arbeitsgemeinschaft Trägern zusteht, die unter Bundesaufsicht stehen.

(3) Soweit erforderlich, stellt eine Arbeitsgemeinschaft unter entsprechender Anwendung von § 67 des Vierten Buches einen Haushaltsplan auf.

(4) § 88 Abs. 1 Satz 1 und Abs. 2 gilt entsprechend.

§ 95 Zusammenarbeit bei Planung und Forschung

(1) 1Die in § 86 genannten Stellen sollen

1. Planungen, die auch für die Willensbildung und Durchführung von Aufgaben der anderen von Bedeutung sind, im Benehmen miteinander abstimmen sowie
2. gemeinsame örtliche und überörtliche Pläne in ihrem Aufgabenbereich über soziale Dienste und Einrichtungen, insbesondere deren Bereitstellung und Inanspruchnahme, anstreben.

2Die jeweiligen Gebietskörperschaften sowie die gemeinnützigen und freien Einrichtungen und Organisationen sollen insbesondere hinsichtlich der Bedarfsermittlung beteiligt werden.

(2) Die in § 86 genannten Stellen sollen Forschungsvorhaben über den gleichen Gegenstand aufeinander abstimmen.

§ 96 Ärztliche Untersuchungen, psychologische Eignungsuntersuchungen

(1) 1Veranlasst ein Leistungsträger eine ärztliche Untersuchungsmaßnahme oder eine psychologische Eignungsuntersuchungsmaßnahme, um festzustellen, ob die Voraussetzungen für eine Sozialleistung vorliegen, sollen die Untersuchungen in der Art und Weise vorgenommen und deren Ergebnisse so festgehalten werden, dass sie auch bei der Prüfung der Voraussetzungen anderer Sozialleistungen verwendet werden können. 2Der Umfang der Untersuchungsmaßnahme richtet sich nach der Aufgabe, die der Leistungsträger, der die Untersuchung veranlasst hat, zu erfüllen hat. 3Die Untersuchungsbefunde sollen bei der Feststellung, ob die Voraussetzungen einer anderen Sozialleistung vorliegen, verwertet werden.

(2) 1Durch Vereinbarungen haben die Leistungsträger sicherzustellen, dass Untersuchungen unterbleiben, soweit bereits verwertbare Untersuchungsergebnisse vorliegen. 2Für den Einzelfall sowie nach Möglichkeit für eine Vielzahl von Fällen haben die Leistungsträger zu vereinbaren, dass bei der Begutachtung der Voraussetzungen von Sozialleistungen die Untersuchungen nach einheitlichen und vergleichbaren Grundlagen, Maßstäben und Verfahren vorgenommen und die Ergebnisse der Untersuchungen festgehalten werden. 3Sie können darüber hinaus vereinbaren, dass sich der Umfang der Untersuchungsmaßnahme nach den Aufgaben der beteiligten Leistungsträger richtet; soweit die Untersuchungsmaßnahme hierdurch erweitert ist, ist die Zustimmung des Betroffenen erforderlich.

(3) Die Bildung einer Zentraldatei mehrerer Leistungsträger für Daten der ärztlich untersuchten Leistungsempfänger ist nicht zulässig.

Dritter Titel
Zusammenarbeit der Leistungsträger mit Dritten

§ 97 Durchführung von Aufgaben durch Dritte

(1) 1Kann ein Leistungsträger, ein Verband von Leistungsträgern oder eine Arbeitsgemeinschaft von einem Dritten Aufgaben wahrnehmen lassen, muss sichergestellt sein, dass der Dritte die Gewähr für eine sachgerechte, die Rechte und Interessen des Betroffenen wahrende Erfüllung der Aufgaben bietet. 2Soweit Aufgaben aus dem Bereich der Sozialversicherung von einem Dritten, an dem ein Leistungsträger, ein Verband oder eine Arbeitsgemeinschaft unmittelbar oder mittelbar beteiligt ist, wahrgenommen werden sollen, hat der Leistungsträger, der Verband oder die Arbeitsgemeinschaft den Dritten zu verpflichten, dem Auftraggeber auf Verlangen alle Unterlagen vorzulegen und über alle Tatsachen Auskunft zu erteilen, die zur Ausübung des Aufsichtsrechts über die Auftraggeber auf Grund pflichtgemäßer Prüfung der Aufsichtsbehörde des Auftraggebers erforderlich sind. 3Die Aufsichtsbehörde ist durch den Leistungsträger, den Verband oder die Arbeitsgemeinschaft so rechtzeitig und umfassend zu unterrichten, dass ihr vor der Aufgabenübertragung oder einer Änderung ausreichend Zeit zur Prüfung bleibt. 4Die Aufsichtsbehörde kann auf eine Unterrichtung verzichten. 5Die Sätze 3 und 4 gelten nicht für die Bundesagentur für Arbeit.

(2) § 89 Abs. 3 bis 5, § 91 Abs. 1 bis 3 sowie § 92 gelten entsprechend.

§ 98 Auskunftspflicht des Arbeitgebers

(1) 1Soweit es in der Sozialversicherung einschließlich der Arbeitslosenversicherung im Einzelfall für die Erbringung von Sozialleistungen erforderlich ist, hat der Arbeitgeber auf Verlangen dem Leistungsträger oder der zuständigen Einzugsstelle Auskunft über die Art und Dauer der Beschäftigung, den Beschäftigungsort und das Arbeitsentgelt zu erteilen. 2Wegen der Entrichtung von Beiträgen hat der Arbeitgeber auf Verlangen über alle Tatsachen Auskunft zu erteilen, die für die Erhebung der Beiträge notwendig sind. 3Der Arbeitgeber hat auf Verlangen die Geschäftsbücher, Listen oder andere Unterlagen, aus denen die Angaben über die Beschäftigung hervorgehen, während der Betriebszeit nach seiner Wahl den in Satz 1 bezeichneten Stellen entweder in deren oder in seinen eigenen Geschäftsräumen zur Einsicht vorzulegen. 4Das Wahlrecht nach Satz 3 entfällt, wenn besondere Gründe eine Prüfung in den Geschäftsräumen des Arbeitgebers gerechtfertigt erscheinen lassen. 5Satz 4 gilt nicht gegenüber Arbeitgebern des öffentlichen Dienstes. 6Die Sätze 2 bis 5 gelten auch für Stellen im Sinne des § 28p Abs. 6 des Vierten Buches.

(1a) Soweit die Träger der Rentenversicherung nach § 28p des Vierten Buches prüfberechtigt sind, bestehen die Verpflichtungen nach Absatz 1 Satz 3 bis 6 gegenüber den Einzugsstellen wegen der Entrichtung des Gesamtsozialversicherungsbeitrags nicht; die Verpflichtung nach Absatz 1 Satz 2 besteht gegenüber den Einzugsstellen nur im Einzelfall.

(2) 1Wird die Auskunft wegen der Erbringung von Sozialleistungen verlangt, gilt § 65 Abs. 1 des Ersten Buches entsprechend. 2Auskünfte auf Fragen, deren Beantwortung dem Arbeitgeber selbst oder einer ihm nahe stehenden Person (§ 383 Abs. 1 Nr. 1 bis 3 der Zivilprozessordnung) die Gefahr zuziehen würde, wegen einer Straftat oder einer Ordnungswidrigkeit verfolgt zu werden, können verweigert werden; dem Arbeitgeber stehen die in Absatz 1 Satz 6 genannten Stellen gleich.

(3) Hinsichtlich des Absatzes 1 Satz 2 und 3 sowie des Absatzes 2 stehen einem Arbeitgeber die Personen gleich, die wie ein Arbeitgeber Beiträge für eine kraft Gesetzes versicherte Person zu entrichten haben.

(4) Das Bundesministerium für Arbeit und Soziales kann durch Rechtsverordnung mit Zustimmung des Bundesrates das Nähere über die Durchführung der in Absatz 1 genannten Mitwirkung bestimmen.

(5) 1Ordnungswidrig handelt, wer vorsätzlich oder leichtfertig

1. entgegen Absatz 1 Satz 1 oder
2. entgegen Absatz 1 Satz 2 oder Satz 3, jeweils auch in Verbindung mit Absatz 1 Satz 6 oder Absatz 3,

eine Auskunft nicht, nicht richtig, nicht vollständig oder nicht rechtzeitig erteilt oder eine Unterlage nicht, nicht richtig, nicht vollständig oder nicht rechtzeitig vorlegt. 2Die Ordnungswidrigkeit kann mit einer Geldbuße bis zu fünftausend Euro geahndet werden. 3Die Sätze 1 und 2 gelten nicht für die Leistungsträger, wenn sie wie ein Arbeitgeber Beiträge für eine kraft Gesetzes versicherte Person zu entrichten haben.

§ 99 Auskunftspflicht von Angehörigen, Unterhaltspflichtigen oder sonstigen Personen

1Ist nach dem Recht der Sozialversicherung einschließlich der Arbeitslosenversicherung oder dem sozialen Entschädigungsrecht

1. das Einkommen oder das Vermögen von Angehörigen des Leistungsempfängers oder sonstiger Personen bei einer Sozialleistung oder ihrer Erstattung zu berücksichtigen oder
2. die Sozialleistung oder ihre Erstattung von der Höhe eines Unterhaltsanspruchs abhängig, der dem Leistungsempfänger gegen einen Unterhaltspflichtigen zusteht,

gelten für diese Personen § 60 Abs. 1 Nr. 1 und 3 sowie § 65 Abs. 1 des Ersten Buches entsprechend. 2Das Gleiche gilt für den in Satz 1 genannten Anwendungsbereich in den Fällen, in denen Unterhaltspflichtige, Angehörige, der frühere Ehegatte, der frühere Lebenspartner oder Erben zum Ersatz der Aufwendungen des Leistungsträgers herangezogen werden. 3Auskünfte auf Fragen, deren Beantwortung einem nach Satz 1 oder Satz 2 Auskunftspflichtigen oder einer ihm nahe stehenden Person (§ 383 Abs. 1 Nr. 1 bis 3 der Zivilprozessordnung) die Gefahr zuziehen würde, wegen einer Straftat oder einer Ordnungswidrigkeit verfolgt zu werden, können verweigert werden.

§ 100 Auskunftspflicht des Arztes oder Angehörigen eines anderen Heilberufs

(1) 1Der Arzt oder Angehörige eines anderen Heilberufs ist verpflichtet, dem Leistungsträger im Einzelfall auf Verlangen Auskunft zu erteilen, soweit es für die Durchführung von dessen Aufgaben nach diesem Gesetzbuch erforderlich und

1. es gesetzlich zugelassen ist oder
2. der Betroffene im Einzelfall eingewilligt hat.

2Die Einwilligung soll zum Nachweis im Sinne des Artikels 7 Absatz 1 der Verordnung (EU) 2016/679, dass die betroffene Person in die Verarbeitung ihrer personenbezogenen Daten eingewilligt hat, schriftlich oder elektronisch erfolgen. 3Die Sätze 1 und 2 gelten entsprechend für Krankenhäuser sowie für Vorsorge- oder Rehabilitationseinrichtungen.

(2) Auskünfte auf Fragen, deren Beantwortung dem Arzt, dem Angehörigen eines anderen Heilberufs oder ihnen nahe stehenden Personen (§ 383 Abs. 1 Nr. 1 bis 3 der Zivilprozessordnung) die Gefahr zuziehen würde, wegen einer Straftat oder einer Ordnungswidrigkeit verfolgt zu werden, können verweigert werden.

§ 101 Auskunftspflicht der Leistungsträger

1Die Leistungsträger haben auf Verlangen eines behandelnden Arztes Untersuchungsbefunde, die für die Behandlung von Bedeutung sein können, mitzuteilen, sofern der Betroffene im Einzelfall in die Mitteilung eingewilligt hat. 2§ 100 Abs. 1 Satz 2 gilt entsprechend.

§ 101a Mitteilungen der Meldebehörden

(1) Die Datenstelle der Rentenversicherung übermittelt die Mitteilungen aller Sterbefälle und Anschriftenänderungen und jede Änderung des Vor- und des Familiennamens unter den Voraussetzungen von § 196 Absatz 2 des Sechsten Buches und bei einer Eheschließung eines Einwohners das Datum dieser Eheschließung unter den Voraussetzungen von § 196 Absatz 2a des Sechsten Buches unverzüglich an die Deutsche Post AG.

(2) Die Mitteilungen, die von der Datenstelle der Rentenversicherung an die Deutsche Post AG übermittelt werden, dürfen von der Deutschen Post AG

1. nur dazu verwendet werden, um laufende Geldleistungen der Leistungsträger, der in § 69 Abs. 2 genannten Stellen sowie ausländischer Leistungsträger mit laufenden Geldleistungen in die Bundesrepublik Deutschland einzustellen oder deren Einstellung zu veranlassen sowie um Anschriften von Empfängern laufender Geldleistungen der Leistungsträger und der in § 69 Abs. 2 genannten Stellen zu berichtigen oder deren Berichtigung zu veranlassen, und darüber hinaus
2. nur weiter übermittelt werden, um den Trägern der Unfallversicherung, der Sozialversicherung für Landwirtschaft, Forsten und Gartenbau und den in § 69 Abs. 2 genannten Zusatzversorgungseinrichtungen eine Aktualisierung ihrer Versichertenbestände oder Mitgliederbestände zu ermöglichen; dies gilt auch für die Übermittlung der Mitteilungen an berufsständische Versorgungseinrichtungen, soweit diese nach Landesrecht oder Satzungsrecht zur Erhebung dieser Daten befugt sind.

(3) Die Verwendung und Übermittlung der Mitteilungen erfolgt

1. in der allgemeinen Rentenversicherung im Rahmen des gesetzlichen Auftrags der Deutschen Post AG nach § 119 Abs. 1 Satz 1 des Sechsten Buches,
2. im Übrigen im Rahmen eines öffentlich-rechtlichen oder privatrechtlichen Vertrages der Deut-

schen Post AG mit den Leistungsträgern, den berufsständischen Versorgungseinrichtungen oder den in § 69 Abs. 2 genannten Stellen.

Zweiter Abschnitt Erstattungsansprüche der Leistungsträger untereinander

§ 102 Anspruch des vorläufig leistenden Leistungsträgers

(1) Hat ein Leistungsträger auf Grund gesetzlicher Vorschriften vorläufig Sozialleistungen erbracht, ist der zur Leistung verpflichtete Leistungsträger erstattungspflichtig.

(2) Der Umfang des Erstattungsanspruchs richtet sich nach den für den vorleistenden Leistungsträger geltenden Rechtsvorschriften.

§ 103 Anspruch des Leistungsträgers, dessen Leistungsverpflichtung nachträglich entfallen ist

(1) Hat ein Leistungsträger Sozialleistungen erbracht und ist der Anspruch auf diese nachträglich ganz oder teilweise entfallen, ist der für die entsprechende Leistung zuständige Leistungsträger erstattungspflichtig, soweit dieser nicht bereits selbst geleistet hat, bevor er von der Leistung des anderen Leistungsträgers Kenntnis erlangt hat.

(2) Der Umfang des Erstattungsanspruchs richtet sich nach den für den zuständigen Leistungsträger geltenden Rechtsvorschriften.

(3) Die Absätze 1 und 2 gelten gegenüber den Trägern der Eingliederungshilfe, der Sozialhilfe, der Sozialen Entschädigung, soweit diese Besondere Leistungen im Einzelfall erbringen, der Soldatenentschädigung nach Kapitel 5 des Soldatenentschädigungsgesetzes und der Jugendhilfe nur von dem Zeitpunkt ab, von dem ihnen bekannt war, dass die Voraussetzungen für ihre Leistungspflicht vorlagen.

10

§ 104 Anspruch des nachrangig verpflichteten Leistungsträgers

(1) 1Hat ein nachrangig verpflichteter Leistungsträger Sozialleistungen erbracht, ohne dass die Voraussetzungen von § 103 Abs. 1 vorliegen, ist der Leistungsträger erstattungspflichtig, gegen den der Berechtigte vorrangig einen Anspruch hat oder hatte, soweit der Leistungsträger nicht bereits selbst geleistet hat, bevor er von der Leistung des anderen Leistungsträgers Kenntnis erlangt hat. 2Nachrangig verpflichtet ist ein Leistungsträger, soweit dieser bei rechtzeitiger Erfüllung der Leistungsverpflichtung eines anderen Leistungsträgers selbst nicht zur Leistung verpflichtet gewesen wäre. 3Ein Erstattungsanspruch besteht nicht, soweit der nachrangige Leistungsträger seine Leistungen auch bei Leistung des vorrangig verpflichteten Leistungsträgers hätte erbringen müssen. 4Satz 1 gilt entsprechend, wenn von den Trägern der Eingliederungshilfe, der Sozialhilfe, der Sozialen Entschädigung, soweit diese Besondere Leistungen im Einzelfall erbringen, der Soldatenentschädigung nach Kapitel 5 des Soldatenentschädigungsgesetzes und der Jugendhilfe Aufwendungsersatz geltend gemacht oder ein Kostenbeitrag erhoben werden kann; Satz 3 gilt in diesen Fällen nicht.

(2) Absatz 1 gilt auch dann, wenn von einem nachrangig verpflichteten Leistungsträger für einen Angehörigen Sozialleistungen erbracht worden sind und ein anderer mit Rücksicht auf diesen Angehörigen einen Anspruch auf Sozialleistungen, auch auf besonders bezeichnete Leistungsteile, gegenüber einem vorrangig verpflichteten Leistungsträger hat oder hatte.

(3) Der Umfang des Erstattungsanspruchs richtet sich nach den für den vorrangig verpflichteten Leistungsträger geltenden Rechtsvorschriften.

(4) Sind mehrere Leistungsträger vorrangig verpflichtet, kann der Leistungsträger, der die Sozialleistung erbracht hat, Erstattung nur von dem Leistungsträger verlangen, für den er nach § 107 Abs. 2 mit befreiender Wirkung geleistet hat.

§ 105 Anspruch des unzuständigen Leistungsträgers

(1) 1Hat ein unzuständiger Leistungsträger Sozialleistungen erbracht, ohne dass die Voraussetzungen von § 102 Abs. 1 vorliegen, ist der zuständige oder zuständig gewesene Leistungsträger erstattungspflichtig, soweit dieser nicht bereits selbst geleistet hat, bevor er von der Leistung des anderen Leistungsträgers Kenntnis erlangt hat. 2§ 104 Abs. 2 gilt entsprechend.

(2) Der Umfang des Erstattungsanspruchs richtet sich nach den für den zuständigen Leistungsträger geltenden Rechtsvorschriften.

(3) Die Absätze 1 und 2 gelten gegenüber den Trägern der Eingliederungshilfe, der Sozialhilfe, der Sozialen Entschädigung, soweit diese Besondere Leistungen im Einzelfall erbringen, der Soldatenentschädigung nach Kapitel 5 des Soldatenentschädigungsgesetzes und der Jugendhilfe nur von dem Zeitpunkt ab, von dem ihnen bekannt war, dass die Voraussetzungen für ihre Leistungspflicht vorlagen.

§ 106 Rangfolge bei mehreren Erstattungsberechtigten

(1) Ist ein Leistungsträger mehreren Leistungsträgern zur Erstattung verpflichtet, sind die Ansprüche in folgender Rangfolge zu befriedigen:

1. (weggefallen)
2. der Anspruch des vorläufig leistenden Leistungsträgers nach § 102,

3. der Anspruch des Leistungsträgers, dessen Leistungsverpflichtung nachträglich entfallen ist, nach § 103,
4. der Anspruch des nachrangig verpflichteten Leistungsträgers nach § 104,
5. der Anspruch des unzuständigen Leistungsträgers nach § 105.

(2) 1Treffen ranggleiche Ansprüche von Leistungsträgern zusammen, sind diese anteilsmäßig zu befriedigen. 2Machen mehrere Leistungsträger Ansprüche nach § 104 geltend, ist zuerst derjenige zu befriedigen, der im Verhältnis der nachrangigen Leistungsträger untereinander einen Erstattungsanspruch nach § 104 hätte.

(3) Der Erstattungspflichtige muss insgesamt nicht mehr erstatten, als er nach den für ihn geltenden Erstattungsvorschriften einzeln zu erbringen hätte.

§ 107 Erfüllung

(1) Soweit ein Erstattungsanspruch besteht, gilt der Anspruch des Berechtigten gegen den zur Leistung verpflichteten Leistungsträger als erfüllt.

(2) 1Hat der Berechtigte Ansprüche gegen mehrere Leistungsträger, gilt der Anspruch als erfüllt, den der Träger, der die Sozialleistung erbracht hat, bestimmt. 2Die Bestimmung ist dem Berechtigten gegenüber unverzüglich vorzunehmen und den übrigen Leistungsträgern mitzuteilen.

§ 108 Erstattung in Geld, Verzinsung

(1) Sach- und Dienstleistungen sind in Geld zu erstatten.

(2) 1Ein Erstattungsanspruch der Träger der Eingliederungshilfe, der Sozialhilfe, der Sozialen Entschädigung, soweit diese Besondere Leistungen im Einzelfall erbringen, der Soldatenentschädigung nach Kapitel 5 des Soldatenentschädigungsgesetzes und der Jugendhilfe ist von anderen Leistungsträgern

1. für die Dauer des Erstattungszeitraumes und
2. für den Zeitraum nach Ablauf eines Kalendermonats nach Eingang des vollständigen, den gesamten Erstattungszeitraum umfassenden Erstattungsantrages beim zuständigen Erstattungsverpflichteten bis zum Ablauf des Kalendermonats vor der Zahlung

auf Antrag mit 4 vom Hundert zu verzinsen. 2Die Verzinsung beginnt frühestens nach Ablauf von sechs Kalendermonaten nach Eingang des vollständigen Leistungsantrages des Leistungsberechtigten beim zuständigen Leistungsträger, beim Fehlen eines Antrages nach Ablauf eines Kalendermonats nach Bekanntgabe der Entscheidung über die Leistung. 3§ 44 Abs. 3 des Ersten Buches findet Anwendung; § 16 des Ersten Buches gilt nicht.

§ 109 Verwaltungskosten und Auslagen

1Verwaltungskosten sind nicht zu erstatten. 2Auslagen sind auf Anforderung zu erstatten, wenn sie im Einzelfall 200 Euro übersteigen. 3Die Bundesregierung kann durch Rechtsverordnung mit Zustimmung des Bundesrates den in Satz 2 genannten Betrag entsprechend der jährlichen Steigerung der monatlichen Bezugsgröße nach § 18 des Vierten Buches anheben und dabei auf zehn Euro nach unten oder oben runden.

§ 110 Pauschalierung

1Die Leistungsträger haben ihre Erstattungsansprüche pauschal abzugelten, soweit dies zweckmäßig ist. 2Beträgt im Einzelfall ein Erstattungsanspruch voraussichtlich weniger als 50 Euro, erfolgt keine Erstattung. 3Die Leistungsträger können abweichend von Satz 2 höhere Beträge vereinbaren. 4Die Bundesregierung kann durch Rechtsverordnung mit Zustimmung des Bundesrates den in Satz 2 genannten Betrag entsprechend der jährlichen Steigerung der monatlichen Bezugsgröße nach § 18 des Vierten Buches anheben und dabei auf zehn Euro nach unten oder oben runden.

§ 111 Ausschlussfrist

1Der Anspruch auf Erstattung ist ausgeschlossen, wenn der Erstattungsberechtigte ihn nicht spätestens zwölf Monate nach Ablauf des letzten Tages, für den die Leistung erbracht wurde, geltend macht. 2Der Lauf der Frist beginnt frühestens mit dem Zeitpunkt, zu dem der erstattungsberechtigte Leistungsträger von der Entscheidung des erstattungspflichtigen Leistungsträgers über seine Leistungspflicht Kenntnis erlangt hat.

§ 112 Rückerstattung

Soweit eine Erstattung zu Unrecht erfolgt ist, sind die gezahlten Beträge zurückzuerstatten.

§ 113 Verjährung

(1) 1Erstattungsansprüche verjähren in vier Jahren nach Ablauf des Kalenderjahres, in dem der erstattungsberechtigte Leistungsträger von der Entscheidung des erstattungspflichtigen Leistungsträgers über dessen Leistungspflicht Kenntnis erlangt hat. 2Rückerstattungsansprüche verjähren in vier Jahren nach Ablauf des Kalenderjahres, in dem die Erstattung zu Unrecht erfolgt ist.

(2) Für die Hemmung, die Ablaufhemmung, den Neubeginn und die Wirkung der Verjährung gelten die Vorschriften des Bürgerlichen Gesetzbuchs sinngemäß.

§ 114 Rechtsweg

1Für den Erstattungsanspruch ist derselbe Rechtsweg wie für den Anspruch auf die Sozialleistung gegeben. 2Maßgebend ist im Falle des § 102 der Anspruch gegen den vorleistenden Leistungsträger und im Fall der §§ 103 bis 105 der Anspruch gegen den erstattungspflichtigen Leistungsträger.

Dritter Abschnitt Erstattungs- und Ersatzansprüche der Leistungsträger gegen Dritte

§ 115 Ansprüche gegen den Arbeitgeber

(1) Soweit der Arbeitgeber den Anspruch des Arbeitnehmers auf Arbeitsentgelt nicht erfüllt und deshalb ein Leistungsträger Sozialleistungen erbracht hat, geht der Anspruch des Arbeitnehmers gegen den Arbeitgeber auf den Leistungsträger bis zur Höhe der erbrachten Sozialleistungen über.

(2) Der Übergang wird nicht dadurch ausgeschlossen, dass der Anspruch nicht übertragen, verpfändet oder gepfändet werden kann.

(3) An Stelle der Ansprüche des Arbeitnehmers auf Sachbezüge tritt im Fall des Absatzes 1 der Anspruch auf Geld; die Höhe bestimmt sich nach den nach § 17 Absatz 1 Satz 1 Nummer 4 des Vierten Buches festgelegten Werten der Sachbezüge.

§ 116 Ansprüche gegen Schadenersatzpflichtige

(1) 1Ein auf anderen gesetzlichen Vorschriften beruhender Anspruch auf Ersatz eines Schadens geht auf den Versicherungsträger oder Träger der Eingliederungshilfe oder der Sozialhilfe über, soweit dieser auf Grund des Schadensereignisses Sozialleistungen zu erbringen hat, die der Behebung eines Schadens der gleichen Art dienen und sich auf denselben Zeitraum wie der vom Schädiger zu leistende Schadenersatz beziehen. 2Dazu gehören auch

1. die Beiträge, die von Sozialleistungen zu zahlen sind, und
2. die Beiträge zur Krankenversicherung, die für die Dauer des Anspruchs auf Krankengeld unbeschadet des § 224 Abs. 1 des Fünften Buches zu zahlen wären.

(2) Ist der Anspruch auf Ersatz eines Schadens durch Gesetz der Höhe nach begrenzt, geht er auf den Versicherungsträger oder Träger der Eingliederungshilfe oder der Sozialhilfe über, soweit er nicht zum Ausgleich des Schadens des Geschädigten oder seiner Hinterbliebenen erforderlich ist.

(3) 1Ist der Anspruch auf Ersatz eines Schadens durch ein mitwirkendes Verschulden oder eine mitwirkende Verantwortlichkeit des Geschädigten begrenzt, geht auf den Versicherungsträger oder Träger der Eingliederungshilfe oder der Sozialhilfe von dem nach Absatz 1 bei unbegrenzter Haftung übergehenden Ersatzanspruch der Anteil über, welcher dem Vomhundertsatz entspricht, für den der Schädiger ersatzpflichtig ist. 2Dies gilt auch, wenn der Ersatzanspruch durch Gesetz der Höhe nach begrenzt ist. 3Der Anspruchsübergang ist ausgeschlossen, soweit der Geschädigte oder seine Hinterbliebenen dadurch hilfebedürftig im Sinne der Vorschriften des Zwölften Buches werden.

(4) Stehen der Durchsetzung der Ansprüche auf Ersatz eines Schadens tatsächliche Hindernisse entgegen, hat die Durchsetzung der Ansprüche des Geschädigten und seiner Hinterbliebenen Vorrang vor den übergegangenen Ansprüchen nach Absatz 1.

(5) Hat ein Versicherungsträger oder Träger der Eingliederungshilfe oder der Sozialhilfe auf Grund des Schadensereignisses dem Geschädigten oder seinen Hinterbliebenen keine höheren Sozialleistungen zu erbringen als vor diesem Ereignis, geht in den Fällen des Absatzes 3 Satz 1 und 2 der Schadenersatzanspruch nur insoweit über, als der geschuldete Schadenersatz nicht zur vollen Deckung des eigenen Schadens des Geschädigten oder seiner Hinterbliebenen erforderlich ist.

(6) 1Ein nach Absatz 1 übergegangener Ersatzanspruch kann bei nicht vorsätzlichen Schädigungen durch eine Person, die im Zeitpunkt des Schadensereignisses mit dem Geschädigten oder seinen Hinterbliebenen in häuslicher Gemeinschaft lebt, nicht geltend gemacht werden. 2Ein Ersatzanspruch nach Absatz 1 kann auch dann nicht geltend gemacht werden, wenn der Schädiger mit dem Geschädigten oder einem Hinterbliebenen nach Eintritt des Schadensereignisses die Ehe geschlossen oder eine Lebenspartnerschaft begründet hat und in häuslicher Gemeinschaft lebt. 3Abweichend von den Sätzen 1 und 2 kann ein Ersatzanspruch bis zur Höhe der zur Verfügung stehenden Versicherungssumme geltend gemacht werden, wenn der Schaden bei dem Betrieb eines Fahrzeugs entstanden ist, für das Versicherungsschutz nach § 1 des Pflichtversicherungsgesetzes oder § 3 des Auslandsfahrzeug-Pflichtversicherungsgesetzes besteht. 4Der Ersatzanspruch kann in den Fällen des Satzes 3 gegen den Schädiger in voller Höhe geltend gemacht werden, wenn er den Versicherungsfall vorsätzlich verursacht hat.

(7) 1Haben der Geschädigte oder seine Hinterbliebenen von dem zum Schadenersatz Verpflichteten auf einen übergegangenen Anspruch mit befreiender Wirkung gegenüber dem Versicherungsträger oder Träger der Eingliederungshilfe oder der Sozialhilfe Leistungen erhalten, haben sie insoweit dem Versicherungsträger oder Träger der Eingliederungshilfe oder der Sozialhilfe die erbrachten Leistungen zu erstatten. 2Haben die Leistungen gegenüber dem Versicherungsträger oder Träger der Sozialhilfe keine befreiende Wirkung, haften der zum Schadenersatz Verpflichtete und der Geschädigte

oder dessen Hinterbliebene dem Versicherungsträger oder Träger der Sozialhilfe als Gesamtschuldner.

(8) Weist der Versicherungsträger oder Träger der Sozialhilfe nicht höhere Leistungen nach, sind vorbehaltlich der Absätze 2 und 3 je Schadensfall für nicht stationäre ärztliche Behandlung und Versorgung mit Arznei- und Verbandmitteln 5 vom Hundert der monatlichen Bezugsgröße nach § 18 des Vierten Buches zu ersetzen.

(9) Die Vereinbarung einer Pauschalierung der Ersatzansprüche ist zulässig.

(10) Die Bundesagentur für Arbeit und die Träger der Grundsicherung für Arbeitsuchende nach dem Zweiten Buch gelten als Versicherungsträger im Sinne dieser Vorschrift.

§ 117 Schadenersatzansprüche mehrerer Leistungsträger

$_{1}$Haben im Einzelfall mehrere Leistungsträger Sozialleistungen erbracht und ist in den Fällen des § 116 Abs. 2 und 3 der übergegangene Anspruch auf Ersatz des Schadens begrenzt, sind die Leistungsträger Gesamtgläubiger. $_{2}$Untereinander sind sie im Verhältnis der von ihnen erbrachten Sozialleistungen zum Ausgleich verpflichtet. $_{3}$Soweit jedoch eine Sozialleistung allein von einem Leistungsträger erbracht ist, steht der Ersatzanspruch im Innenverhältnis nur diesem zu. $_{4}$Die Leistungsträger können ein anderes Ausgleichsverhältnis vereinbaren.

§ 118 Bindung der Gerichte

Hat ein Gericht über einen nach § 116 übergegangenen Anspruch zu entscheiden, ist es an eine unanfechtbare Entscheidung gebunden, dass und in welchem Umfang der Leistungsträger zur Leistung verpflichtet ist.

§ 119 Übergang von Beitragsansprüchen

(1) $_{1}$Soweit der Schadenersatzanspruch eines Versicherten den Anspruch auf Ersatz von Beiträgen zur Rentenversicherung umfasst, geht dieser auf den Versicherungsträger über, wenn der Geschädigte im Zeitpunkt des Schadensereignisses bereits Pflichtbeitragszeiten nachweist oder danach pflichtversichert wird; dies gilt nicht, soweit

1. der Arbeitgeber das Arbeitsentgelt fortzahlt oder sonstige der Beitragspflicht unterliegende Leistungen erbringt oder
2. der Anspruch auf Ersatz von Beiträgen nach § 116 übergegangen ist.

$_{2}$Für den Anspruch auf Ersatz von Beiträgen zur Rentenversicherung gilt § 116 Abs. 3 Satz 1 und 2 entsprechend, soweit die Beiträge auf den Unterschiedsbetrag zwischen dem bei unbegrenzter Haftung zu ersetzenden Arbeitsentgelt oder Arbeitseinkommen und der bei Bezug von Sozialleistungen beitragspflichtigen Einnahme entfallen.

(2) $_{1}$Der Versicherungsträger, auf den ein Teil des Anspruchs auf Ersatz von Beiträgen zur Rentenversicherung nach § 116 übergeht, übermittelt den von ihm festgestellten Sachverhalt dem Träger der Rentenversicherung auf einem einheitlichen Meldevordruck. $_{2}$Das Nähere über den Inhalt des Meldevordrucks und das Mitteilungsverfahren bestimmen die Spitzenverbände der Sozialversicherungsträger.

(3) $_{1}$Die eingegangenen Beiträge oder Beitragsanteile gelten in der Rentenversicherung als Pflichtbeiträge. $_{2}$Durch den Übergang des Anspruchs auf Ersatz von Beiträgen darf der Versicherte nicht schlechter gestellt werden, als er ohne den Schadenersatzanspruch gestanden hätte.

(4) $_{1}$Die Vereinbarung der Abfindung von Ansprüchen auf Ersatz von Beiträgen zur Rentenversicherung mit einem ihrem Kapitalwert entsprechenden Betrag ist im Einzelfall zulässig. $_{2}$Im Fall des Absatzes 1 Satz 1 Nr. 1 gelten für die Mitwirkungspflichten des Geschädigten die §§ 60, 61, 65 Abs. 1 und 3 sowie § 65a des Ersten Buches entsprechend.

Viertes Kapitel
Übergangs- und Schlussvorschriften

§ 120 Übergangsregelung

(1) $_{1}$Die §§ 116 bis 119 sind nur auf Schadensereignisse nach dem 30. Juni 1983 anzuwenden; für frühere Schadensereignisse gilt das bis zum 30. Juni 1983 geltende Recht weiter. $_{2}$Ist das Schadensereignis nach dem 30. Juni 1983 eingetreten, sind § 116 Abs. 1 Satz 2 und § 119 Abs. 1, 3 und 4 in der ab 1. Januar 2001 geltenden Fassung auf einen Sachverhalt auch dann anzuwenden, wenn der Sachverhalt bereits vor diesem Zeitpunkt bestanden hat und darüber noch nicht abschließend entschieden ist. $_{3}$§ 116 Absatz 6 ist nur auf Schadensereignisse nach dem 31. Dezember 2020 anzuwenden; für frühere Schadensereignisse gilt das bis 31. Dezember 2020 geltende Recht weiter.

(2) § 111 Satz 2 und § 113 Abs. 1 Satz 1 sind in der vom 1. Januar 2001 an geltenden Fassung auf die Erstattungsverfahren anzuwenden, die am 1. Juni 2000 noch nicht abschließend entschieden waren.

(3) Eine Rückerstattung ist in den am 1. Januar 2001 bereits abschließend entschiedenen Fällen ausgeschlossen, wenn die Erstattung nach § 111 Satz 2 in der ab 1. Januar 2001 geltenden Fassung zu Recht erfolgt ist.

(4) (weggefallen)

(5) Artikel 229 § 6 Abs. 1 bis 4 des Einführungsgesetzes zum Bürgerlichen Gesetzbuche gilt entsprechend bei der Anwendung des § 50 Abs. 4 Satz 2

und der §§ 52 und 113 Abs. 2 in der seit dem 1. Januar 2002 geltenden Fassung.

(6) § 66 Abs. 1 Satz 3 bis 5, Abs. 2 und 3 Satz 2 in der ab dem 30. März 2005 geltenden Fassung gilt nur für Bestellungen zu Vollstreckungs- und Vollziehungsbeamten ab dem 30. März 2005.

(7) § 94 Absatz 1a Satz 3 findet nur Anwendung auf die Bildung von oder den Beitritt zu Arbeitsgemeinschaften, wenn die Bildung oder der Beitritt nach dem 30. Juni 2020 erfolgt; die am 30. Juni 2020 bereits bestehenden Arbeitsgemeinschaften dürfen weitergeführt werden.

Anlage
(zu § 78a)

1Werden Sozialdaten automatisiert verarbeitet oder genutzt, ist die innerbehördliche oder innerbetriebliche Organisation so zu gestalten, dass sie den besonderen Anforderungen des Datenschutzes gerecht wird. 2Dabei sind insbesondere Maßnahmen zu treffen, die je nach der Art der zu schützenden Sozialdaten oder Kategorien von Sozialdaten geeignet sind,

1. Unbefugten den Zutritt zu Datenverarbeitungsanlagen, mit denen Sozialdaten verarbeitet oder genutzt werden, zu verwehren (Zutrittskontrolle),
2. zu verhindern, dass Datenverarbeitungssysteme von Unbefugten genutzt werden können (Zugangskontrolle),
3. zu gewährleisten, dass die zur Benutzung eines Datenverarbeitungssystems Berechtigten ausschließlich auf die ihrer Zugriffsberechtigung unterliegenden Daten zugreifen können, und dass Sozialdaten bei der Verarbeitung, Nutzung und nach der Speicherung nicht unbefugt gelesen, kopiert, verändert oder entfernt werden können (Zugriffskontrolle),
4. zu gewährleisten, dass Sozialdaten bei der elektronischen Übertragung oder während ihres Transports oder ihrer Speicherung auf Datenträger nicht unbefugt gelesen, kopiert, verändert oder entfernt werden können, und dass überprüft und festgestellt werden kann, an welchen Stellen eine Übermittlung von Sozialdaten durch Einrichtungen zur Datenübertragung vorgesehen ist (Weitergabekontrolle),
5. zu gewährleisten, dass nachträglich überprüft und festgestellt werden kann, ob und von wem Sozialdaten in Datenverarbeitungssysteme eingegeben, verändert oder entfernt worden sind (Eingabekontrolle),
6. zu gewährleisten, dass Sozialdaten, die im Auftrag erhoben, verarbeitet oder genutzt werden, nur entsprechend den Weisungen des Auftraggebers erhoben, verarbeitet oder genutzt werden können (Auftragskontrolle),
7. zu gewährleisten, dass Sozialdaten gegen zufällige Zerstörung oder Verlust geschützt sind (Verfügbarkeitskontrolle),
8. zu gewährleisten, dass zu unterschiedlichen Zwecken erhobene Sozialdaten getrennt verarbeitet werden können.

3Eine Maßnahme nach Satz 2 Nummer 2 bis 4 ist insbesondere die Verwendung von dem Stand der Technik entsprechenden Verschlüsselungsverfahren.

10